Deutschbuch

Arbeitsheft 5

Arbeitstechniken
Texte schreiben
Lesetraining
Grammatik
Rechtschreibung
Lernstand testen

Herausgegeben von
Cordula Grunow und
Bernd Schurf

Erarbeitet von
Jan Diehm, Cordula Grunow,
Angela Horwitz, Angela Mielke,
Kerstin Muth, Vera Potthast, Irmgard Schick,
Sandra Simberger und Andrea Wagener

Name: ______________________

Klasse: ____________

Cornelsen

Inhaltsverzeichnis

Die Übersicht auf diesen Seiten hilft dir, **die Arbeit mit dem Arbeitsheft zu planen und zu überprüfen**. Nach dem Bearbeiten einer Übung musst du deine Ergebnisse sorgfältig mit dem Lösungsheft abgleichen. Trage ein, wann du die Seiten bearbeitet hast, und kreuze an, wie dir die Übungen gelungen sind:

☺ Gut gelungen! 😐 Das Meiste richtig. ☹ Manchmal unsicher.

Kennzeichnungen in diesem Arbeitsheft:

- **1** Aufgabe
- ●●● knifflige Aufgabe oder Aufgabe für die Schnellen
- **Information** Zusammenfassung des Grundwissens
- Tipps und Arbeitshilfen
- ► Der Pfeil sagt dir, auf welcher Seite du etwas nachschlagen kannst.

Mit dem beiliegenden Lösungsheft kannst du deine Ergebnisse selbst überprüfen.

Richtig lernen – Ordnung halten

Methode **Den Arbeitsplatz ordnen**

Ein gut organisierter Arbeitsplatz erleichtert dir das Lernen und die Erledigung der Hausaufgaben:
- Arbeite an einem festen Platz, an dem du ungestört bist und dich konzentrieren kannst.
- Achte darauf, dass dein Arbeitsplatz hell und gut zu beleuchten ist.
- Sorge dafür, dass dein Arbeitsplatz genug Platz für alle Arbeitsmittel bietet (z. B. Schulbücher, Hefte ...).
- Räume alle Gegenstände fort, die dich vom Lernen ablenken.

1 **Auf und neben diesem Schreibtisch liegt vieles herum.
Umkreise alle Gegenstände, die du nicht für deine Arbeit benötigst.**

2 **Kreuze an: Welche Arbeitsmittel benötigst du zur Arbeit am Schreibtisch?**

- ☐ Schmusetier
- ☐ Schulbücher
- ☐ Hausaufgabenheft
- ☐ Computermaus
- ☐ MP3-Player
- ☐ Monitor
- ☐ Computertastatur
- ☐ Schreibtischlampe
- ☐ Uhr
- ☐ Schreibunterlage
- ☐ Stundenplan
- ☐ Lineal
- ☐ Wasser/Saft zum Trinken
- ☐ Sporttasche
- ☐ Lernkartei (z. B. für Rechtschreibung)
- ☐ Arbeitsheft(e)
- ☐ Schreibstift(e)
- ☐ Mäppchen
- ☐ Comics
- ☐ Ordner zum Einsortieren der losen Blätter
- ☐ Wörterbuch
- ☐ Schere
- ☐ Teller mit Sahnetorte
- ☐ Papierkorb
- ☐ Schultasche
- ☐ Textmarker
- ☐ Jugendzeitschriften
- ☐ Klebestift oder Kleber
- ☐ Anspitzer

3 **Wie sollte dein Schreibtisch am besten aussehen? Formuliere einen Tipp.**

____

Methode **Das Heft übersichtlich gestalten**

Im Unterricht Gelerntes kannst du dir besser einprägen, wenn du sauber und gut lesbar schreibst. Wichtiges muss sofort ins Auge springen. Dann erkennst du schnell, was inhaltlich zusammengehört.

4 **Arbeite die Checkliste zur sauberen Heftführung aus. Die Wörter rechts helfen dir dabei.**

Absätze Datum Arbeitsblätter Seitenzahl Tafelanschriebe Überschrift Heftrand Lineal Fehler Stift

1. Zu jedem Eintrag notiere ich das ______________________ und eine ______________________.
2. Überschriften unterstreiche ich mit einem ______________________.
3. Bei Hausaufgaben aus einem Schulbuch schreibe ich die ______________________ und die Aufgabennummer auf.
4. Ich beginne auf der Seite links zu schreiben, beachte aber auch den ______________________.
5. Den Text gliedere ich durch sinnvolle ______________________.
6. Wichtige Wörter/Sätze (z. B. Regeln) unterstreiche ich farbig mit einem ______________________.
7. ______________________, die im Unterricht verteilt wurden, hefte ich ab.
8. ______________________ aus dem Unterricht schreibe ich sauber und fehlerfrei auf.
9. ______________________ streiche ich sauber durch und verbessere sie.

5 **Lies die Hausaufgaben von Mareile. Gib ihr Tipps, wie sie sauberer arbeiten kann: Notiere am Rand, welcher Hinweis aus Aufgabe 4 ihr hilft.**

VORSICHT FEHLER!

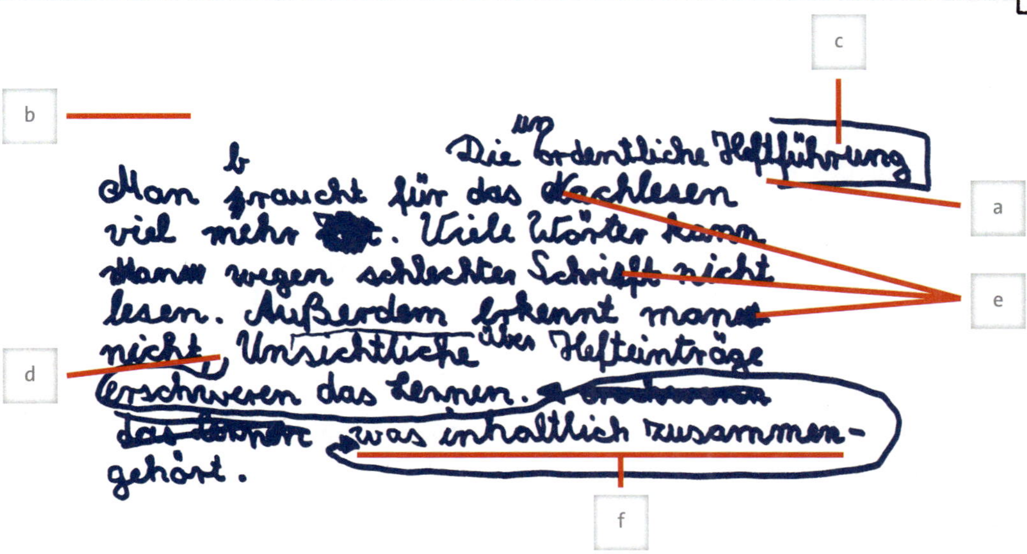

a) 2 ______
b) ______
c) ______
d) ______
e) ______
f) ______

6 **Schreibe den Hefteintrag sauber und übersichtlich ab. Schreibe in dein Heft.**

Texte lesen und verstehen

Information — **Einen Sachtext erschließen**

Besonders beim Lesen von Sachtexten kommt es darauf an, die wichtigsten Informationen zu entnehmen. Dabei hilft es, **Schlüsselwörter** zu erkennen, den Text in **Sinnabschnitte** zu gliedern und den **Inhalt zusammenzufassen**.

1 a Lies zunächst nur die Überschrift und die ersten Zeilen des Textes. Betrachte dann die Bilder.
b Worum geht es in dem Text? Notiere deine Vermutung.

---

2 Lies den gesamten Text sorgfältig.

Höher, schneller, weiter! Die Welt der Tier-Rekorde

Menschen vergleichen gern ihre Stärken und treiben sich zu Höchstleistungen an. Ob im Fußball, beim Pizza-Wettessen oder beim Luftanhalten – wir jagen nach Rekorden. Unsere schärfsten Konkurrenten kämen jedoch aus der Tierwelt, wenn wir sie mitspielen ließen. Tiere sind zwar keine großen Ballkünstler und sie schlagen sich auch nicht den Bauch mit Ungesundem voll, nur um zu gewinnen. In Schnelligkeit und Kraft sind sie uns aber um Längen voraus. Bei den Olympischen Spielen würden sie jede Goldmedaille gewinnen.

Beim Springen ist ein kaum sichtbarer Winzling dem Menschen weit voraus: Der Floh kann einen halben Meter weit springen. Wäre er so groß wie ein Mensch, entspräche das einer Weite von 340 Metern! Das ist viel mehr als z. B. der Weltrekord von 7,5 Metern bei den Frauen.

Und wer geht beim Sprinten als Erster ins Ziel? Das Wildschwein, der Feldhase, das Faultier, der Gepard oder der Mensch?

Der schnellste Mensch läuft knapp 40 km/h (Stundenkilometer). Der Gepard, bei dem schon 110 km/h gemessen wurden, hängt ihn locker ab. Mit um die 60 km/h sind sogar Wildschwein und Hase viel schneller als der Mensch. So schnell darf man in der Stadt nicht Auto fahren! Das Faultier spaziert übrigens als Letztes mit 0,12 km/h über die Ziellinie.

Wer ist wohl in der Disziplin Schwimmen Weltmeister? In dieser Sportart siegt natürlich ein Fisch. Der Segelfisch prescht mit 110 Kilometern in der Stunde durchs Meer. Die schnellste Schwimmerin gewann im Freistilschwimmen über 100 Meter mit gerade einmal 6,8 km/h Gold, der schnellste Mann mit 7,6 km/h.

Auch im Gewichtheben sind die Tiere Weltklasse. Wieder lässt ein kleines Insekt den Menschen schwach aussehen: der Rhinozeros-Käfer. Die Ameise schleppt schon das 50-Fache ihres eigenen Körpergewichtes, ohne zu stöhnen. Aber der Käfer schafft das 850-Fache. Und der Mensch? Ein ausgewachsener Mann müsste im Vergleich glatt 68 000 Kilo tragen. Das sind etwa 4 000 Kästen Wasser! Der stärkste Gewichtheber der Welt schaffte bei der Olympiade 2008 immerhin an die 230 Kilo – etwas mehr als das 2-Fache seines Körpergewichts.

Der Mensch unterliegt zwar in einzelnen Disziplinen, aber er ist eindeutiger Sieger in der Kombination von Laufen, Springen, Schwimmen und Heben. Denn das kann er im Gegensatz zu den Tieren alles!

Methode **Schlüsselwörter markieren**

Schlüsselwörter helfen, einen Text zu „erschließen". Sie enthalten die **wichtigsten Informationen** eines Textabschnittes.
Markiere Schlüsselwörter beim zweiten **gründlichen Lesen**. Willst du später wissen, worum es im Text geht, musst du nur die Schlüsselwörter überfliegen: Das genügt, um den Inhalt auf einen Blick zu erfassen.

3 **Lies den Methodenkasten aufmerksam. Kreuze die falsche Antwort an.**

Schlüsselwörter ...

A ☐ enthalten die wichtigsten Informationen.
B ☐ helfen, Wichtiges später wiederzufinden.
C ☐ stehen immer am Satzanfang.
D ☐ beantworten W-Fragen.

4 **a Überfliege den folgenden Textabschnitt.**

Beim ___ ist ein kaum sichtbarer Winzling dem Menschen weit voraus: Der ___ kann einen halben Meter weit springen. Wäre er so groß wie ein Mensch, entspräche das einer Weite von ___! Das ist viel mehr als z. B. der Weltrekord von ___ bei den ___.

b Der Text ist nicht verständlich, denn es fehlen die wichtigsten Wörter. Nur das erste Schlüsselwort kannst du aus dem Zusammenhang klären. Sieh im Text (▸ S. 6, Z. 12–24) nach und trage die Schlüsselwörter ein.

Beim ______________________ ist ein kaum sichtbarer Winzling dem Menschen weit voraus: Der ____________ kann einen halben Meter weit springen. Wäre er so groß wie ein Mensch, entspräche das einer Weite von ______________________! Das ist viel mehr als z. B. der Weltrekord von ______________________ bei den ______________________.

5 **Lies nun den gesamten Text auf Seite 6 ein zweites Mal gründlich.**
Hinweis: Im ersten Absatz des Textes auf Seite 6 sind die Schlüsselwörter schon markiert.
Markiere beim Lesen alle Schlüsselwörter in den folgenden Absätzen.

6 ●●● **Jan hat im Text unten ungeeignete Schlüsselwörter unterstrichen.**

a Lies den folgenden Text: Kläre, worum es geht (Thema) und welche Informationen zu diesem Thema wichtig sind.

b Markiere im Text geeignete Schlüsselwörter farbig.

Großer Andrang beim tierischen Schönheitswettbewerb: Wer hat die längsten Ohren?

Natürlich sind es die Elefanten mit ihren zwei Meter langen Lauschern. Dafür haben sie aber die runzeligste Haut. Auf Platz zwei kommt der Hase mit seinen Löffeln von immerhin zwölf Zentimetern Länge. Papagei und Schmetterling gehen diesmal gänzlich leer aus. Dabei sind sie doch so schön bunt!

Methode **Den Text in Sinnabschnitte gliedern**

Längere Sachtexte lassen sich in **Sinnabschnitte** gliedern.
- Ein neuer Sinnabschnitt beginnt dort, wo ein neues **Unterthema** angesprochen wird: Oft ist hier im Text ein Absatz gesetzt.
- Gib jedem Sinnabschnitt mit Hilfe der **Schlüsselwörter** eine treffende Überschrift. „Treffend" ist eine Überschrift, wenn sie den Inhalt eines Sinnabschnitts knapp und genau zusammenfasst.

7 **Der erste Sinnabschnitt (▸ S. 6, Z. 1–11) beschreibt das Thema des Textes. Worum geht es? Kreuze an.**

A ☐ Tiere sind schlauer als Menschen.
B ☐ Tiere sind schneller als Menschen.
C ☐ Tiere machen den Menschen in sportlichen Wettbewerben Konkurrenz.
D ☐ Tiere lieben es, Menschen in sportlichen Wettbewerben zu besiegen.

8 **Wie weit reicht im Text auf Seite 6 der zweite Sinnabschnitt? Sieh dir deine Schlüsselwörter in diesem Sinnabschnitt an. Notiere, worum es geht.**

Der Floh

9 **Unterteile in weitere Sinnabschnitte und gib jedem Sinnabschnitt eine treffende Überschrift. Ergänze die Zeilenangaben.**
Tipp: Die Schlüsselwörter helfen dir, den Sinnabschnitten treffende Überschriften zu geben.

1. Sinnabschnitt (Z. 1 – 11): Tiere als sportliche Konkurrenten des Menschen
2. Sinnabschnitt (Z. 12 – ___): ___
3. Sinnabschnitt (Z. ___ – ___): Gepard
4. Sinnabschnitt (Z. ___ – ___): ___
5. Sinnabschnitt (Z. ___ – ___): ___
6. Sinnabschnitt (Z. ___ – 56): Mensch

10 ●●● **Überlege, worin sich der erste und der letzte Sinnabschnitt von den anderen Abschnitten unterscheiden. Kreuze die richtige Antwort an.**

A ☐ Sie sind nicht so lustig.
B ☐ Sie haben ein ganz anderes Thema.
C ☐ Sie bilden Einleitung und Schluss.
D ☐ Sie enthalten keine Schlüsselwörter.

Methode **Wichtige Informationen zusammenfassen**

Wenn du einen Text kurz **mit eigenen Worten** zusammenfassen kannst, hast du ihn gut verstanden.
Du kannst wichtige Informationen auch anschaulich in einer **Tabelle** oder **Grafik** zusammenfassen.

11 **Fasse die wichtigen Informationen in einem Satz zusammen. Schreibe ihn ins Heft.**

„Der schnellste Mensch läuft knapp 40 km/h (Stundenkilometer). Der Gepard, bei dem schon 110 km/h gemessen wurden, hängt ihn locker ab.“ (► S. 6, Z. 28–30)

Gehe beim **Zusammenfassen** so vor:
- Markiere die Schlüsselwörter.
- Streiche durch, was nicht wichtig ist.
- Formuliere mit den Schlüsselwörtern **einen Satz**, der die wichtigen Informationen enthält.

12 **Fasse den folgenden Sinnabschnitt mit eigenen Worten in einem Satz zusammen. Schreibe ins Heft. Tipp: Überlege, was wichtig ist. Musst du z. B. alle Tiere einzeln nennen?**

„Und wer geht beim Sprinten als Erster ins Ziel?
Das Wildschwein, der Feldhase, das Faultier, der Gepard oder der Mensch?
Der schnellste Mensch läuft knapp 40 km/h (Stundenkilometer). Der Gepard, bei dem schon 110 km/h gemessen wurden, hängt ihn locker ab. Mit um die 60 km/h sind sogar Wildschwein und Hase viel schneller als der Mensch. So schnell darf man in der Stadt nicht Auto fahren! Das Faultier spaziert übrigens als Letztes mit 0,12 km/h über die Ziellinie.“ (► S. 6, Z. 25–34)

13 **a) Der Text auf Seite 6 informiert über Leistungen in vier Disziplinen. Ergänze in der linken Spalte der Tabelle die drei noch fehlenden Disziplinen und gib die Zeilen an, in denen darüber informiert wird.**
b) Trage für jedes Tier bzw. den Menschen ein, welche Leistung in welcher Disziplin erbracht wird. Setze einen Strich, wo der Text keine Informationen gibt.

Disziplin	Floh	Gepard	Segelfisch	Rhinozeros-Käfer	Mensch
Springen (Z. 12–24)	0,5 m	-	-		
					ca. 7 km

14 **Beantworte mit Hilfe der ausgefüllten Tabelle folgende Fragen in Stichworten.**

A Welche Tiere sind gleich schnell? ______ und ______

B Wer beherrscht die meisten Sportarten? ______

15 **Fasse nun mit Hilfe der Tabelle den Inhalt des gesamten Textes auf Seite 6 in deinem Heft zusammen. Hinweis: Die Informationen aus dem ersten und dem letzten Textabschnitt sind in der Tabelle nicht enthalten.**

Ein Erlebnis spannend erzählen

Information **Den Aufbau einer Erzählung planen**

Eine gelungene Erzählung braucht einen roten Faden, der den Leser durch die Geschichte leitet.
- Die **Einleitung** führt in die Handlung ein: Informiere über Ort (Wo?) und Zeit (Wann?) des Geschehens und stelle mindestens eine Hauptfigur (Wer?) vor.
- Im **Hauptteil** wird die Spannung Schritt für Schritt bis zum Höhepunkt der Geschichte gesteigert. Die Leser sollen „mitfiebern", was weiter geschehen wird.
- Zum **Schluss** hin wird die Spannung aufgelöst: Du kannst erzählen, wie die Handlung ausgeht, oder absichtlich den Ausgang offenlassen.

Das Schreiben einer Erlebniserzählung kann Aufgabe in einer Klassenarbeit sein.

1 **Schau dir das folgende Bild genau an und überlege, was geschehen könnte.**

2 **Ordne die folgenden Textbausteine sinnvoll.**
Trage die Buchstaben richtig auf der Lesefieber-Kurve ein, dann ergibt sich ein Lösungswort.

G nächster Morgen, Sonnenschein

U alles nass, Zelte beschädigt, Kinder gesund

A Zeltlager, Wiese beim Kanu-Klub, Klassenlehrer, zwei Mütter als Begleitung

U Wetterbericht: sonnig

E sintflutartiger Regen, Zelte unter Wasser

G Flucht ins Kanu-Klub-Haus

R mitten in der Nacht aufgeschreckt, Donner und Blitze

N Gewitter abgezogen, Lehrer beruhigt alle

F abends: Lagerfeuer mit Würstchengrillen, Gitarrespielen, todmüde ins Bett

Lesefieber-Kurve

Information **Die Einleitung gestalten**

Geübte Erzähler fesseln die Leser gleich mit der Einleitung. Sie verraten nicht schon am Anfang, wie die Geschichte ausgeht, sondern machen die Leser neugierig. Dazu gibt es einige **Erzähltricks**:
- Erzähle von einer harmlosen Situation, die plötzlich ungewöhnlich oder gar gefährlich erscheint, z. B.: *Ich schlief wie ein Murmeltier. Plötzlich weckte mich ein unglaublich lauter Donner. Es klang wie ...*
- Deute ein Geschehen an, das alles verändern wird, z. B.: *Wir ahnten nicht einmal, was auf uns zukam.*
- Lege falsche Fährten. Bereite den Leser auf ein Geschehen vor, das dann gar nicht so stattfindet, z. B.: *Wir freuten uns auf ein sonniges Hochsommerwochenende. Doch es kam ganz anders.*
- Schreibe als **Ich-Erzähler**: Die Ich-Form eignet sich besonders gut zum Erzählen von Erlebnissen.
- Gib deinen Figuren **Namen,** dann wird die Erzählung lebendiger.

3 **Beantworte diese drei wichtigen W-Fragen für die Ausarbeitung der Einleitung.**

Wer war beteiligt? (Figuren) ______

Wo hat das Geschehen stattgefunden? (Ort) ______

Wann ist es passiert? (Zeit) ______

4 **Prüfe die beiden Vorschläge für Einleitungen:**
Werden die drei wichtigen W-Fragen beantwortet? Wird die Neugier der Leser geweckt?

VORSICHT FEHLER!

A Alle zusammen am See zelten – konnte es Besseres an einem Sommerwochenende geben? Tagsüber Action und abends am Lagerfeuer sitzen, Würstchen grillen, Geschichten erzählen. Das Feuer gut ablöschen, dann todmüde in die Schlafsäcke einrollen. Und morgens ein erfrischendes Bad im See. Keiner ahnte, dass das Wochenende doch so ganz anders werden sollte.

Welche W-Fragen wurden beantwortet? ______

Was macht neugierig? ______

B Zum Schuljahresausklang hatte unser Klassenlehrer Herr Ziegel eine hervorragende Idee: Zelten mit der ganzen Klasse 5c von Freitag bis Sonntag. Wir jubelten, zwei Mütter wollten uns begleiten. Der Wetterbericht war sommerlich, noch war pure Sonne angesagt. Noch ...

Welche W-Fragen wurden beantwortet? ______

Was macht neugierig? ______

5 **Schreibe den folgenden Text in dein Heft ab.**
Setze die Verben im Präteritum ein.

Eine Geschichte wird meist **im Präteritum** (1. Vergangenheit) **erzählt**, z. B.: *ich trat, ich schwamm, ...*

entfachen sein fahren dämmern herumtollen frühstücken baden aufräumen

Am Samstag ? es morgens sonnig und warm. Wir ? zunächst ausgiebig. Anschließend ? wir Tretboot. Und dann ? wir im See. Wir ? den ganzen Tag ? . Als es ? , ? wir ? und ? ein Lagerfeuer.

Information | **Den Hauptteil spannend und anschaulich erzählen**

- Verwende ausdrucksstarke, **treffende Verben**, z. B.: *toben, prasseln.*
- Finde anschauliche, **genau beschreibende Adjektive**, z. B.: *sonnig, finster.*
- Teile die **Gefühle und Gedanken** einer Figur mit, z. B.: *Ich erstarrte zu Eis, als ...*
- Setze **wörtliche Rede** ein, z. B.: *„Gebt Gas!", feuerte unser Lehrer uns an.*
- Baue **Spannungsmelder** ein, z. B.: *mit einem Mal, plötzlich, aus heiterem Himmel.*

6 **In diesem Erzählschritt aus dem Hauptteil sind die Adjektive durcheinandergeraten.**

a **Lies den Text aufmerksam und unterstreiche die Adjektive, die an der falschen Stelle stehen.**

b **Schreibe den Text ab und setze dabei die Adjektive an die richtige Stelle.**
Tipp: Du musst zehn Adjektive vertauschen. Schreibe ins Heft.

Unsere Mütter hatten müde Würstchen eingepackt und wir formten Teig zum Stockbrotbraten. Wir waren alle gruselig und schlugen zu, als alles fertig gegrillt war. Inzwischen war es sorgfältig geworden. Das Feuer loderte und wir musizierten ein bisschen. Max hatte seine Gitarre mitgebracht und wir sangen dazu. Dann erzählte unser Lehrer uns von Seegeistern und es wurde recht nachdrücklich. Gegen Mitternacht meinte er brav: „Morgen ist auch noch ein Tag. Löscht das Feuer gemütlich! Im Sommer kann es leicht zu Bränden kommen. Geht jetzt schlafen, ich will nichts mehr hören. Gute Nacht!" Da wir alle recht lecker waren, murrte auch keiner und wir machten leicht, was er gesagt hatte. In den Zelten war es hungrig und nach einigem Flüstern und Kichern hörte man hier und da ein dunkles Schnarchen.

7 **Bereite die nächsten Erzählschritte vor:**
Erzähle anschaulich vom Aufziehen und der Heftigkeit des Gewitters, um die Spannung zu steigern.

a **Ordne den Nomen passende Verben zu. Verbinde: Es passt zu jedem Nomen ein Verb.**

Blitze
Regen
Windböen
Tausende von Tropfen

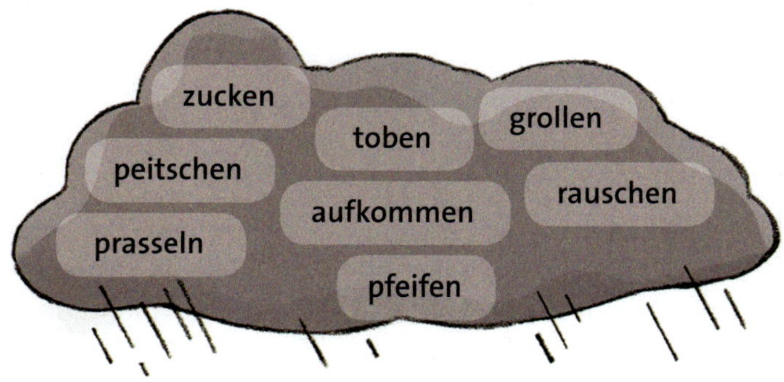

Wind
Donner
Sturm
Bäume

b **Zeichne Blitzzeichen in dein Heft und notiere darum herum stichwortartig Gedanken und Gefühle des Ich-Erzählers.**

Herzklopfen

21 ... 22 ... 23 ...

c **Beschreibe mit Hilfe deiner Vorarbeiten das Gewitter anschaulich und erzähle auch von den Gefühlen des Ich-Erzählers. Wähle eine der beiden Überleitungen für diesen Erzählschritt aus und setze sie im Heft fort.**

A	Als auf einmal schwere Regentropfen auf das Zeltdach prasselten, wurde mir ziemlich mulmig. Würde die Zeltplane halten?
B	Auch ich musste rasch eingeschlafen sein. Plötzlich wurde ich von einem lauten Knall aufgeschreckt. Hatte da jemand geschossen?

8 **Der Höhepunkt ist die spannendste Textstelle einer Geschichte. Hier geschieht das Unerwartete, die Notsituation oder das Unglück. Gestalte die folgenden Notizen mit Hilfe der „Spannungsmelder" zu einem Höhepunkt aus. Nutze auch anschauliche Vergleiche, z. B.:** ***Es goss wie aus Eimern.*** **Schreibe ins Heft.**

Spannungsmelder
aus heiterem Himmel *aus dem Nichts*
unangekündigt *ohne Voranmeldung*
binnen Sekunden *unmittelbar* *plötzlich*
Sekunden später *kaum zu glauben!*

Blitze und Donner *unmittelbar aufeinander* *ängstliche Blicke aus Zelten*
erste Tropfen *sintflutartiger Regen* *Wasser überall*
Wasser im Zelt *mit Bechern hinausgeschöpft* *Zelte unter Wasser*
zusammengebrochen *nichts mehr zu retten* *Flucht ins Kanu-Klub-Haus*

9 **Ergänze den Höhepunkt durch wörtliche Rede:**

- **a** **Ordne die Aussagen, Ausrufe oder Fragen auf der linken Seite den jeweils passenden Redebegleitsätzen auf der rechten Seite zu.**
- **b** **Ergänze die fehlenden Anführungszeichen an der richtigen Stelle.**

Wörtliche Rede hilft, den Höhepunkt dramatisch zu schildern. Lasse die Figuren sprechen. Redebegleitsätze können vor, nach oder innerhalb der wörtlichen Rede stehen. ▸Hinweise zur Zeichensetzung findest du auf Seite 104.

Aussagen/Ausrufe/Fragen	Redebegleitsätze
A Meidet Metallstäbe! Da kann der Blitz einschlagen! ,	1 jammerte Max.
B Lasst alles stehen und liegen! Lauft! ,	2 wollte Isa wissen.
C Aber meine Gitarre ist noch im Zelt! ,	3 warnte Herr Ziegel.
D Und was ist mit meinem MP3-Player? ,	4 forderte Frau Siebke uns auf.
E Beeilt euch! ,	5 stöhnte ich.
F Ich kann nicht so schnell ,	6 schrie meine Mutter wieder und wieder.

c **Formuliere selbst passende Redebegleitsätze. Denke an die Zeichensetzung.**

A Ins Klubhaus! Rasch! Ich hab den Schlüssel! ______________________

B Sind alle da? Fehlt jemand? ______________________

C Lasst uns durchzählen, ______________________

D ______________________ Max fehlt!

E Ich bin doch da ______________________

Information **Den Schluss schreiben**

Der Schluss rundet die Geschichte ab. Es gibt verschiedene Möglichkeiten:
1 Erzähle ein **gutes Ende,** welches das Erlebnis abschließt.
2 Lasse **Fragen offen,** um den Ausgang des Erlebnisses im Ungewissen zu halten.
3 Greife **auf die Einleitung zurück,** sodass eine Art Rahmen um den Hauptteil entsteht.
4 Äußere einen **abschließenden Gedanken,** der zum Nachdenken anregt.

10 a **Welche Möglichkeit wurde für diesen Schlussteil gewählt: 1, 2, 3 oder 4? Notiere:** ______.

Am nächsten Morgen bot sich ein Bild der Verwüstung: ungezählte Pfützen und eingestürzte Zelte. Der Zeltplatz war durch das Unwetter völlig zerstört worden. Nun war Aufräumen angesagt. Wir arbeiteten Hand in Hand, und schließlich fanden wir, dass es doch noch ein gelungenes Wochenende mit der Klasse war.

b **Schreibe einen Schluss.**

______

______

______

______

11 a **Umkreise, welche Überschrift du passend findest.**
b **Begründe deine Entscheidung.**

A Gewitter über den Zelten | B Zelte ade
C So ein Reinfall | D Noch einmal Glück gehabt
E Verflixte Wetterberichte | F Land unter!

Jede Erzählung braucht eine **Überschrift.** Sie soll die Leser neugierig machen, aber noch nicht alles verraten.

Ich habe die Überschrift ______ *gewählt, weil* ______

______

12 **Schreibe die ganze Geschichte über die Erlebnisse im Zeltlager in dein Heft. Verwende deine Vorarbeiten und orientiere dich an der Lesefieber-Kurve (▸ S. 10).**

13 ●●● **Die Gestaltung des Höhepunktes ist im folgenden Textausschnitt nicht ganz gelungen. Überarbeite den Text. Schreibe eine verbesserte Fassung ins Heft.**

VORSICHT FEHLER!

Ich träumte gerade vom Essen, als ich aufwachte. Ich hörte Stimmen. Und ich hörte Donnerschläge. Ich sah aus meinem Zelt hinaus und sah Blitze. Da wusste ich, dass es ein Gewitter war. Hatte der Wetterbericht nicht etwas anderes gesagt? Egal. Das Gewitter war da. Es regnete auch stark. Ich hörte wieder Stimmen. Da hörte ich die Stimme von Herrn Ziegel. Er meinte, wir sollten alle ins Klubhaus gehen. Das war eine gute Idee, denn langsam lief das Wasser in unser Zelt. Ich ging mit Max aus dem Zelt. Max wollte noch seine Gitarre holen, durfte das aber nicht. Ich ging hinter Isa zum Klubhaus. Da dachte ich, dass ich meinen MP3-Player vergessen hatte. Den durfte ich natürlich auch nicht mehr holen. Nun saßen wir im Klubhaus. Da war es wenigstens trocken.

Nach Bildern erzählen

Information **Eine Erzählung lebendig und anschaulich gestalten**

- Betrachte das Geschehen auf den Bildern genau und erschließe den **roten Faden der Handlung**: **Wo** spielt die Geschichte (Ort), **wann** findet sie statt (Zeit), **welche Figuren** kommen vor? Welches Bild zeigt den **Höhepunkt**?
- Lege den **Erzähler** fest: Aus wessen Sicht willst du erzählen?
- Gestalte die Erzählung sprachlich **lebendig** und **anschaulich** aus: Schildere auch die Mimik (Gesichtsausdruck) und Gestik (Körpersprache) der Figuren. Gib ihnen Namen.

In einer Klassenarbeit kann diese Aufgabe vorkommen:
„Erzähle spannend und anschaulich eine Geschichte zu den folgenden Bildern."

Vogelspinne guckt „dumm aus der Wäsche"
Köln. Eine entlaufene Vogelspinne schaute am Freitag zwei Kindern aus der Waschmaschine entgegen. Die 11-jährige Sophie fackelte nicht lange und ...
Später wurde das für den Menschen ungefährliche Tier von der Polizei abgeholt und in den Zoo gebracht.

1 **In der Aufgabenstellung für die Klassenarbeit heißt es: „Erzähle die Bildergeschichte in der Ich-Form aus Bens Sicht." Lege den Erzähler fest: Kreuze an.**

- ☐ A Er-/Sie-Erzähler
- ☐ B Ich-Erzählerin (Sophie)
- ☐ C Ich-Erzähler (Ben)

2 **Welche Einleitung passt zur Aufgabenstellung von Aufgabe 1? Schreibe den Buchstaben auf:** ______

Schreibplan: **Einleitung** – Neugier wecken!
Wer? ... Wo? ... Wann? ...

A Ben bekam oft Ärger, wenn er sich beim Spielen allzu schmutzig machte. Als er neulich, es war Freitag, der 13., wieder völlig eingedreckt nach Hause kam, beschloss er darum, seine Jeans schnell in die Waschmaschine zu stecken, bevor die Eltern sie sehen würden.

B Letzten Freitag, es war der 13., spielte ich mit Sophie auf dem Bolzplatz Fußball. Der Boden war regennass, wir rutschten ständig aus, aber das Spiel war klasse! Als wir nach Hause kamen, waren unsere Jeans schwarz vor Dreck. Das gibt oft Ärger mit den Eltern, darum schlug ich vor, die Sachen schnell in die Waschmaschine zu stecken.

3 **Verfasse eine eigene Einleitung. Schreibe ins Heft.**

4 **Schau dir die Bilder zum Hauptteil genau an und mache dir zunächst zu jedem Bild Notizen. Ergänze, was vor den Bildern, was dazwischen und was danach geschieht.**

Schreibe nicht einfach drauflos. Plane den Aufbau deiner Erzählung und lege einen Schreibplan an:
Hauptteil – Was passiert?
1. Erzählschritt: ...
2. ... (ein oder mehrere weitere Erzählschritt/e)
Höhepunkt
...

5 **Wecke Spannung: Erzähle anschaulich, wie die Vogelspinne auf Ben wirkt.**

a Umkreise Sätze, die Bens Panik lebendig wiedergeben.

Ich war starr vor Schreck.	Ich blieb stehen.	Mein Herz schlug bis zum Hals.
Ich dachte, mein Herz bleibt stehen.	Ich war zur Salzsäule erstarrt.	Da sah ich geradeaus.
Es stellte sich mir ein Problem.	Ich wünschte mich ans andere Ende der Welt!	

b Gestalte den Höhepunkt der Geschichte aus: Beschreibe Bens Schrecken bildlich. Schreibe ins Heft.

Während das ekelige Tier mir entgegenkrabbelte, jagte eine Schreckensfantasie nach der anderen durch meinen Kopf ...

6 **Was könnte Sophie zu Ben sagen? Verwende treffende Verben aus dem Wortfeld *sagen*, z. B. *beruhigen, besänftigen, trösten, ermuntern*. Schreibe auf, was sie sagt.**

> **Wörtliche Rede** hilft, den Höhepunkt lebendig zu schildern. Lass die Figuren sprechen. Redebegleitsätze können vor, nach oder innerhalb der wörtlichen Rede stehen. Hinweise zur Zeichensetzung findest du auf Seite 104.

____

____

____

7 a **Setze die Verben im folgenden Schluss ins richtige Tempus. Streiche Falsches durch.**

> Eine Geschichte wird meist im **Präteritum** (1. Vergangenheit) erzählt, z. B.: *ich kam, ich sah sofort, ...*

Am nächsten Tag [titelt/titelte] die Zeitung: „Vogelspinne guckt dumm aus der Wäsche!" Gut, dass sie nicht [berichten/berichteten], wie dumm ich erst [dreinblicke/dreinblickte]. Aber etwas Gutes [gibt/gab] es – ich [lerne/lernte] viel über Vogelspinnen!

b **Schreibe einen eigenen Schluss in dein Heft.**

> Löse am **Schluss** die Spannung auf: Erzähle, wie die Handlung ausgeht, oder lasse den Schluss offen.

8 **Dieses Bild deutet einen anderen Ausgang an als der Zeitungsartikel auf Seite 15. Verfasse einen dazu passenden Schluss. Schreibe ins Heft.**

9 **Finde eine treffende Überschrift für deine Geschichte. Wähle eine der beiden angebotenen Überschriften aus oder schreibe eine eigene.**

> Die **Überschrift** soll die Leser neugierig machen, aber noch nicht alles verraten.

- Freitag, der 13! Pfui Spinne!
- Sophie – die Heldin des Tages

____

10 **Verfasse mit Hilfe deiner Vorarbeiten eine vollständige Bildergeschichte. Lege fest, zu welcher Idee für einen Schluss (Zoo oder Tierhandlung) du erzählen möchtest.**

11 **Wähle aus:**
●●● a **Erzähle die Geschichte aus Sophies Sicht. Wähle dafür die Erzählform Er-/Sie-Erzähler.**
b **Schriftsteller können auch Tiere erzählen lassen. Wähle die Spinne als Ich-Erzählerin. Erzähle im Heft.**

Ein Tier beschreiben

Information **Suchmeldung – Anschaulich und genau beschreiben**

1 Schreibe einen **Einleitungssatz,** in dem du sagst, um was es geht, z. B.:
Wann ist **welches** Tier **wo** entlaufen?
2 Beschreibe dann das Tier möglichst genau. Achte auf eine **sinnvolle Reihenfolge**:
– Beginne mit dem **Gesamteindruck des Tieres** (z. B. Tierart, Name, ungefähre Größe und Gewicht sowie Alter).
– Beschreibe anschließend die **besonderen Merkmale** (z. B. Farbe und Länge des Fells, Kopfform, Form der Ohren, Augenfarbe ...) von oben nach unten, also vom Kopf bis zu den Beinen.
3 Formuliere zum **Schluss** die Bitte, sich zu melden, wenn jemand das Tier gefunden hat. Gib eine Adresse oder eine Telefonnummer an, unter der sich der Finder melden kann.

Das Meerschweinchen als Haustier

Hausmeerschweinchen (zoologischer Gattungsname: *Cavia porcellus*) kommen ursprünglich aus Südamerika. Sie können je nach Geschlecht und Art ca. 800 bis 1300 Gramm wiegen und werden zwischen 20 und 35 Zentimeter lang. Meerschweinchen werden in der Regel sechs bis acht Jahre alt und leben gern zu mehreren Tieren. Es gibt viele verschiedene Rassen, wobei man zwischen Kurzhaar- und Langhaar-Meerschweinchen unterscheidet. Das abgebildete Rosetten-Meerschweinchen ist eine Sonderform. Tiere dieser Züchtungsform haben insgesamt acht Rosetten (= Wirbel), welche sich folgendermaßen verteilen: vier Körperrosetten, zwei Hinterhand- und zwei Hüftrosetten. Meerschweinchen sind Nagetiere, ihre Zähne wachsen beständig nach. Um diese abzureiben, müssen sie ständig nagen (sonst können sie sterben, weil die Vorderzähne zum Fressen zu lang werden), das heißt, sie nehmen täglich 80- bis 90-Mal Nahrung auf, darunter Gras, Löwenzahn, Gemüse und etwas Obst. Das Nagen und Fressen von Heu gehört zu ihren wichtigsten Tätigkeiten. Zudem benötigen Meerschweinchen ständig frisches Wasser. Zu den Lieblingstätigkeiten eines jeden Meerschweinchens gehört das Dösen, es kratzt, knabbert und putzt sich auch gern. Meerschweinchen sind tagaktiv, sie können aber durchaus auch nächtliche Aktivitäten entfalten. Dabei helfen ihnen auch ihre empfindlichen Schnurrhaare, mit denen sie sich im Dunkeln orientieren und vor Hindernissen ausweichen.

1 **a** **Lies die Informationen über „Das Meerschweinchen als Haustier".**
b **Stelle über das Meerschweinchen auf dem Foto oben die wichtigen Informationen kurz und in sinnvoller Reihenfolge zusammen. Nutze dazu den folgenden Steckbrief.**

Tiersteckbrief

Rasse: ______________________

Aussehen – Größe/Gewicht (ungefähr): ______________________

Farbe/Fell: ______________________

Körperbau: ______________________

Lebensweise/Verhalten: ______________________________

____

____

Besondere Merkmale: ______________________________

____

2 **Bringe die folgenden Abschnitte einer Suchmeldung in die richtige Reihenfolge. Nummeriere.**

☐ A Genaue Informationen über das Tier in sinnvoller Reihenfolge, z. B. von oben nach unten oder von links nach rechts: Fell, Farbe, Größe, Gewicht, wo sinnvoll: Alter und Name

☐ B Name und Adresse oder Telefonnummer des Tierhalters

☐ C Allgemeine Informationen über das Tier (z. B. die Rasse) und wo und wann es entlaufen ist

☐ D Ergänzende Informationen, z. B.: besondere Merkmale oder Verhaltensweisen, Lieblingsfutter

3 **Ilka ließ ihre Meerschweinchen im Gartengehege laufen. Der vorwitzige Paul biss ein kleines Loch in die Käfigwand und lief unbemerkt davon. Ilka schreibt sofort eine Suchmeldung für die Nachbarn. Lies die folgende Suchmeldung.**

Notizen zu Aufgabe 6a (S. 20)

____

____

____

____

____

____

____

____

____

____

4 **Prüfe die Reihenfolge in Ilkas Suchmeldung von Aufgabe 3. Ordne die Informationen sinnvoll: Trage dazu die Nummern aus Aufgabe 2 links neben Ilkas Sätzen ein.**

Information **Eine Suchmeldung sprachlich gestalten**

- Verwende **passende Adjektive,** die das Tier anschaulich und genau beschreiben, z. B.: *schneeweiß, etwa so groß wie, kräftig, schlank.*
- Verwende anstelle der Wörter „ist“, „sind“ und „hat“, „haben“ **treffende Verben,** z. B.: *tragen, besitzen, sich befinden, aufweisen, verfügen über, durch ... gekennzeichnet sein.*
- Schreibe im **Präsens** (Gegenwartsform).

5 **Kreuze an: Welches dieser Meerschweinchen ist Paul?**

A ☐

B ☐

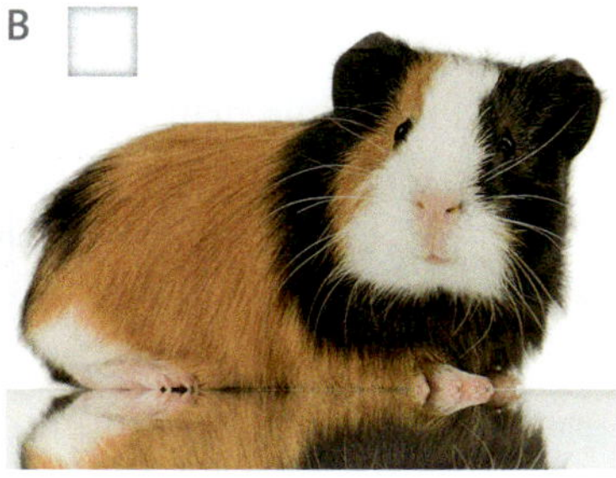

C ☐

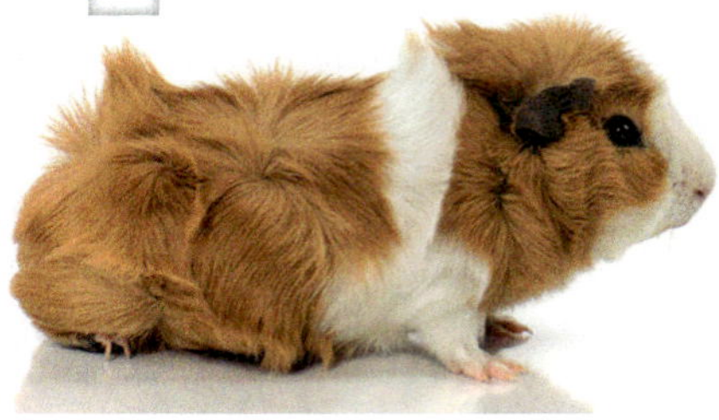

6 **Du kannst dich zwischen zweien nicht entscheiden?**
Kein Wunder, denn Ilka hat Paul nicht genau genug beschrieben.
Lege fest, welches der beiden Rosetten-Meerschweinchen Paul sein soll: ______

a **Notiere rechts neben Ilkas Suchmeldung in Aufgabe 3 (▶ S. 19), welche der Beschreibungen zu ungenau sind.**

b **Trage Ausdrücke zusammen, die Paul anschaulich und genau beschreiben.**

Farbe: ______________________________

Fell: *flauschig,* ______________________________

____

____

Besonderheiten: *gut sichtbare, etwas ausgefaserte Ohren,* ______________________________

____

7 **Beschreibe Paul nun so genau und anschaulich, dass Ilkas Nachbarn ihn zweifelsfrei erkennen und zurückbringen können. Übernimm, wo sinnvoll, Besonderheiten aus Ilkas Suchmeldung. Achte auf treffende Verben, ergänze den Schluss und schreibe die Überarbeitung in dein Heft.**

8 ●●● **Beschreibe Meerschweinchen B:**

a **Fertige einen Steckbrief mit wichtigen Informationen über das Meerschweinchen an. Ergänze dabei Informationen aus Aufgabe 1 (▶ S. 18).**

b **Verfasse eine genaue Suchmeldung des Tieres in deinem Heft.**

Einen Vorgang beschreiben

Information **Verständlich und genau beschreiben**

In einer Vorgangsbeschreibung beschreibst du einen Vorgang – z. B. ein Tier versorgen – so **genau** und **verständlich**, dass andere ihn leicht verstehen und selbst ausführen können. Prüfe zunächst sorgfältig, welche Arbeitsschritte für den Vorgang nötig sind, und beschreibe diese dann in der **richtigen Reihenfolge**.

1 **Bringe die Informationen in die richtige Reihenfolge, die Fotos helfen dir dabei.**

1

2

3
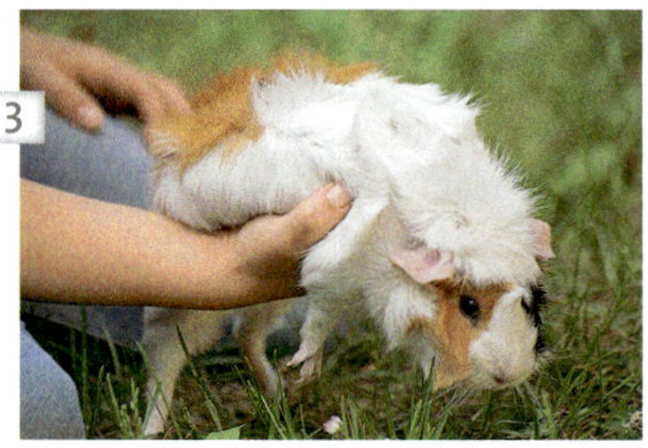

4

a zweite Hand sofort danach stützend unter das Hinterteil legen, dabei die Brust abstützen

b Hand drehen, sodass das Meerschwein bequem sitzt, Meerschweinchen-Hinterteil am tiefsten Punkt halten

c in die Hocke gehen – Meerschweinchen z. B. mit Gurke anlocken

d Meerschweinchen behutsam unter der Brust anfassen

e zum Tragen das Meerschwein eng vor die Brust halten

f Meerschweinchen leicht anheben

g Meerschweinchen fest greifen, Pfoten unterstützen

5

6

7

Information **Aufbau einer Vorgangsbeschreibung**

1 Formuliere eine **Überschrift,** die den Vorgang zusammenfasst, z. B.:
Ein Meerschweinchen richtig hochheben.
2 Nenne in der **Einleitung** die notwendigen Materialien und Vorbereitungen (mit genauer Anzahl und Mengenangaben), die du benötigst. z. B.: *ein Stückchen Gurke, ein Meerschweinchen.*
3 Beschreibe im **Hauptteil** Schritt für Schritt den Ablauf des Vorgangs genau und vollständig, z. B.:
Zunächst sollte man das Meerschweinchen vorsichtig mit einem Stückchen Gurke anlocken ...
4 Zum **Schluss** kannst du einen **Tipp** zur Benutzung geben, z. B.:
Auf diese Weise trägt man jedes Meerschweinchen, aber auch andere kleine Tiere richtig.

2 **Kathrin hat ihrem Freund Ben beschrieben, wie sie ihr Meerschweinchen Merle hochhebt. Prüfe ihre Informationen und verbessere die Einleitung und den Schlussteil: Streiche Überflüssiges durch, verbessere oder ergänze Fehlendes in der Randspalte.**

VORSICHT FEHLER!

Überschrift: Ein Meerschweinchen ~~locken~~ und hochheben

tragen

Einleitung: Manchmal möchte man ein Meerschweinchen aus dem Käfig heben. Meerschweinchen sind so süß, dass man sie gern streichelt und trägt. Ich mache das am liebsten mit meiner kleinen Merle. Zum Hochheben benötige ich viel Zeit und gute Laune, weil Merle dann immer wegrennen will. Das macht sie, weil sie ein Fluchttier ist, aber nett ist es trotzdem nicht.

Schluss: Wenn du genau so vorgehst, kann man das Meerschweinchen sicher und ohne es zu verletzen tragen. Du kannst auch versuchen, es zu streicheln. Aber leider kuscheln Meerschweine nicht gern und lassen sich nicht gern hochheben, weil sie Fluchttiere sind, aber das sage ich nicht zum ersten Mal. Manchmal muss man sie aber dennoch aus dem Käfig heben, z.B. wenn du mit dem Tier zum Arzt gehen willst.

3 **Kathrin hat keine einheitliche Ansprache verwendet. Entscheide dich für eine Form (man benötigt oder du benötigst) und markiere alle anderen Formen als falsch.**

Sprachliche Mittel (1)
- Verwende nur **eine Form der Ansprache**: *Man nehme* ... oder *Nimm* ...
- Schreibe die Vorgangsbeschreibung im **Präsens** (Gegenwartsform).

4 **Prüfe, ob Kathrin im richtigen Tempus geschrieben hat. Kreuze an.**

☐ A Nein, Kathrin hat das Tempus falsch verwendet.
☐ B Ja, Kathrin hat das Tempus richtig verwendet.

Sprachliche Mittel (2)

- Beschreibe die einzelnen Arbeitsschritte im Hauptteil **genau und verständlich**, z. B.:
  Als Erstes nimmst du ein Stückchen Gurke in die Hand und lockst das Meerschweinchen vorsichtig an.
- Wähle passende Wörter, die die **Reihenfolge** der einzelnen Arbeitsschritte **deutlich machen**, z. B.: *zuerst, anschließend, danach, zum Schluss …*

5 **Beschreibe im Hauptteil mit Hilfe der Fotos und der Informationen auf Seite 21, wie du ein Meerschweinchen sicher hochheben und tragen kannst, ohne es zu verletzen. Vervollständige dazu die Satzanfänge.**

Hauptteil:

Als Erstes nimmst du ____________________

Danach ____________________

Nun ____________________

Im Anschluss ____________________

Jetzt ____________________

Dann ____________________

6 **Fertige eine vollständige Vorgangsbeschreibung für das Hochheben und Tragen eines Meerschweinchens in deinem Heft an.**

7 ●●● **Dieser Hauptteil einer Vorgangsbeschreibung erklärt die Fütterung eines Meerschweinchens. Schreibe ihn ab.**

- **Ergänze Wörter, die die Reihenfolge der einzelnen Schritte deutlich machen.**
- **Trage die Verben in Klammern ein und verwende für die Verben Personalform und Tempus richtig.**

? als Erstes anschließend später abends am Schluss im Anschluss zunächst danach dann

? einmal benötigen die Meerschweinchen ständig frisches Heu. ?, also morgens, (füttern) du entweder Grün- oder Saftfutter. Achte bitte darauf, dass das Grünfutter nicht feucht (sein), sonst werden die Meerschweinchen krank. Reste des Saftfutters musst du ? entfernen. ? wechselst du das Wasser. Dazu (nehmen) du den Wassernapf aus dem Käfig, spülst ihn ? unter fließendem Wasser aus und (setzen) ihn ?, gefüllt mit frischem Wasser, wieder in den Käfig. ?, nämlich mittags und nachmittags, (benötigen) die Meerschweinchen noch einmal frisches Grün- oder Saftfutter, du kannst die Mahlzeiten etwas abwechseln. ? bekommen sie eine letzte Mahlzeit. ? an das Füttern solltest du noch ein zweites Mal für frisches Wasser sorgen. Einmal in der Woche (dürfen) du anstelle einer anderen Mahlzeit auch Obst füttern.

Argumentieren – Schriftlich Stellung nehmen

Information **Eine Meinung sprachlich ausdrücken**

Zu vielen Themen und Fragen haben unterschiedliche Menschen unterschiedliche Ansichten.
- Um sich zu verständigen, ist es wichtig, die **eigene Meinung klar auszudrücken.** Dazu verwendet man Formulierungen wie: *Das finde ich …; Meiner Meinung nach …; Ich bin der Ansicht, dass …; Ich denke, dass …*
- Auch **Wünsche oder Vorschläge** drücken eine eigene Meinung aus und sollten sprachlich verdeutlicht werden, z. B.: *Ich schlage vor, dass …; Mir wäre es lieb, wenn …; Ich wünsche mir …; Ich stelle mir vor, dass …*

1 **Was ist deine Meinung zu folgenden Fragen? Wende verschiedene Formulierungen aus dem Informationskasten an und formuliere deine Meinung in einem vollständigen Satz.**

Soll es in der Schule eine Kantine mit warmem Mittagessen geben?

Ich finde es gut, wenn man mittags ______________________________

Sollte eine Lehrerin/ein Lehrer die Sitzordnung in der Klasse regeln, ohne die Schüler zu fragen?

____

Sollte man Samstagsunterricht einführen, um an den übrigen Schultagen die Unterrichtsstunden zu verringern?

____

2 **a** **Drei Kinder klären, wie sie die Mittagspause verbringen wollen. Unterstreiche im Text ihre Wünsche und Vorschläge. Unterstreiche die Formulierungen doppelt, die eine Meinung sprachlich einleiten.**

Es klingelt – die sechste Stunde ist geschafft! Riko, Pauline und Lilly packen ihre Sachen ein und schlendern langsam aus der Klasse. „Meine Frühstücksdose ist ganz und gar leer – totales Vakuum!“, seufzt Riko. „Ich schlage vor, wir gehen in die Schulkantine!“ „Das finde ich doof, ich habe keine Lust auf warmes Essen“, antwortet Pauline. „Ich auch nicht“, stimmt Lilly zu, „mir wäre es lieber, heute Abend zu Hause mit meinen Eltern zu essen. Ich mag das Essen hier nicht.“ „Also, ich finde, ihr könntet Mitleid haben mit einem armen hungrigen Wolf! Was soll ich denn jetzt essen?“ „Okay, ich denke, wir gehen mit dir in die Kantine und leisten dir Gesellschaft. Was meinst du, Lilly?“, fragt Pauline. Lilly lacht: „Meiner Meinung nach ist das ein ziemlich tierlieber Vorschlag – also komm, du armer hungriger Wolf, bevor du uns noch in die Beine beißt!“

b **Aus dem Gespräch wird bei zwei Kindern klar, warum sie in die Kantine gehen wollen oder nicht. Lies noch einmal nach und ergänze die folgende Aussagen:**

Riko möchte in die Kantine gehen, weil ______________________________

Lilly möchte nicht in die Kantine gehen, weil ______________________________

c **Welchen Grund könnte Pauline dafür haben, nichts Warmes essen zu wollen?**

Pauline möchte nichts Warmes essen, weil ______________________________

Information **Die eigene Meinung begründen**

- Gute **Begründungen** (Argumente) helfen zu überzeugen. Leite sie mit *weil*, *da* oder *denn* ein, z. B.:
  Eine längere Mittagspause ist wichtig, weil man ausgeruhter in den Nachmittagsunterricht geht.
- Auch mit dem Wort *nämlich* kannst du eine Begründung ausdrücken, z. B.:
  Ich esse heute nicht in der Schule, ich habe nämlich nur sechs Stunden.
- Du kannst auch zuerst die Begründung anführen und dann deine Meinung daraus ableiten. Sprachlich verwendest du dazu die Wörter *deshalb* oder *darum*, z. B.:
  Nach dem Essen bin ich erst einmal müde. Deshalb mache ich meine Hausaufgaben später.

Die Sportlehrer/innen diskutieren mit den fünften und sechsten Klassen, welche vier Sport-AGs in diesem Schuljahr angeboten werden sollen: Fußball, Ballspiele, Turnen, Tanzen, Leichtathletik oder Schwimmen? Da gibt es ganz unterschiedliche Ansichten!

1 **a** **Verbinde jeweils eine Meinung links mit einer passenden Begründung rechts.**
b **Unterstreiche in jeder Begründung das Wort, das sie einleitet.**

„Tanzen darf meiner Ansicht nach auf keinen Fall gestrichen werden, …"	„… da man dann verschiedene Spiele ausprobieren kann, nicht nur eine Ballsportart."
„Mir persönlich ist die Fußball-AG nicht so wichtig, …"	„… weil man das doch nur im Sommer draußen machen kann."
„Ich halte Ballspiele für besser als Fußball, …"	„… denn das ist das einzige Angebot mit Musik!"
„Meiner Meinung nach bietet sich Leichtathletik nicht an, …"	„… ich spiele nämlich sowieso im Verein."

c **Welche Sport-AG wäre dir am liebsten? Formuliere deine Meinung und begründe sie im Heft.**

2 **Ergänze die folgenden Standpunkte um jeweils ein überzeugendes Argument.**

An jeder Schule sollte es einen Schulchor geben, ______________________

Auch eine Theater-AG ist ein wünschenswertes Angebot, ______________________

Im Schulorchester können nicht alle mitspielen, ______________________

Eine Kunst-AG ist eine gute Ergänzung, ______________________

3 **Die Klasse 5a diskutiert mit ihrem Lehrer:**
Markiere in den Äußerungen die Argumente.

A Malte meint: „Ich will unbedingt in eine Sport-AG, weil mich alle anderen AGs nicht interessieren."
B Nina entgegnet: „Ich will auf keinen Fall Sport machen, das ist mir nämlich viel zu anstrengend."
C „Ich finde, AGs sind überflüssig, denn ich habe nachmittags schon andere Hobbys", sagt Amal.
D „Ihr sollt aber an der Schule die Möglichkeit nutzen, nicht nur im Unterricht etwas zusammen zu machen. Deshalb finden wir es richtig, dass alle an einer AG teilnehmen", erklärt der Lehrer.

Information **In einem Brief (einer E-Mail) die eigene Meinung begründen**

1 In einer schriftlichen Stellungnahme erklärst du **einleitend** das **Thema** (Problem), um das es geht.
2 Du bildest dir eine **Meinung** und formulierst sie in einem vollständigen Satz.
3 Dann führst du drei **überzeugende Begründungen** (Argumente) für deine Meinung an.
4 Zum Schluss **fasst** du deine **Meinung** (als Vorschlag oder Bitte) noch einmal **zusammen.**

Beispielbrief zum Thema: *Sollte es Samstagsunterricht geben?*

Ort und Datum	*Waldstadt, 4. Oktober 20..*
Anrede	*Liebe Schülervertreterinnen und Schülervertreter,*
Einleitung	*wir sollten euch erklären, wie wir über Samstagsunterricht denken.*
Hauptteil: Meinung und – Begründung 1 – Begründung 2 – Begründung 3	*Wir sind der Meinung, dass es Samstagsunterricht geben soll.* *Wir befürworten ihn, weil ...* *Außerdem ...* *Ein weiterer Grund für unsere Ansicht ist ...*
Schluss: Bitte oder Wunsch	*Wir würden uns sehr freuen, wenn ihr unseren Vorschlag, den Samstagsunterricht einzuführen, unterstützen würdet.*
Grußformel	*Mit freundlichen Grüßen*
Unterschrift	*Riko (Klassensprecher 5 a)*

1 **Lies diesen Antrag von Klasse 5 c: Er ist nicht gelungen.**
a **Prüfe, ob es zu den Punkten 1 bis 4 im Informationskasten im folgenden Brief eine passende Textstelle gibt.**

Liebe Schülervertreterinnen und Schülervertreter,

samstags ist Wochenende und da haben alle frei.

Deshalb wollen wir auch frei haben. Wir finden die Idee mit dem Samstagsunterricht auch deshalb nicht gut, weil einige von uns Geschwister in anderen Schulen haben. Außerdem bringt das auch nicht so viel an den anderen Tagen. Die meisten von uns sind also dagegen.

Mit freundlichen Grüßen
Klasse 5 c

b **Kreuze für jede Aussage an, ob sie in Bezug auf die Stellungnahme der Klasse 5 c zutrifft oder nicht.**

		trifft zu	trifft nicht zu
zu 1:	Das Thema wird einleitend erklärt.	☐	☐
zu 2:	Die Meinung ist in einem vollständigen Satz formuliert.	☐	☐
zu 3:	Die Begründungen sind überzeugend und gut nachvollziehbar.	☐	☐
zu 4:	Am Schluss wird ein Vorschlag oder eine Bitte zusammengefasst.	☐	☐

2 **a** **Begründe überzeugender: Ergänze den folgenden Satz mit einem Argument.**

Für Familien mit mehreren Kindern an verschiedenen Schulen kann Samstagsunterricht problematisch sein, weil ____________________

____

b **Im Brief der 5 c steht: „Außerdem bringt das auch nicht so viel an den anderen Tagen.“**
Kreuze an, welches Argument damit gemeint ist.

- ☐ A Man muss dann während der Woche insgesamt mehr Hausaufgaben machen.
- ☐ B Von montags bis freitags denkt man dann immer schon an den lästigen Samstagsunterricht.
- ☐ C Die Unterrichtszeit an den übrigen Schultagen verkürzt sich durch den Samstagsunterricht nur wenig.
- ☐ D Die übrigen Schultage sind genauso lang, weil der Unterricht später beginnt.

c **Formuliere selbst ein weiteres Argument gegen Samstagsunterricht.**

____

____

3 **Schreibe nun den Hauptteil des Briefes von Aufgabe 1 verbessert auf.**
Nutze deine Ergebnisse aus den Aufgaben 1 und 2.

Meinung	____________________
– Begründung 1	____________________
	____________________
– Begründung 2	____________________
	____________________
– Begründung 3	____________________
	____________________
Zusammenfassung: Bitte oder Wunsch	____________________
	____________________
	____________________

4 ●●● **Das unvollständige Briefbeispiel im Informationskasten (► S. 26) stammt von der Klasse 5 a, die Samstagsunterricht befürwortet. Schreibe die schriftliche Begründung dieser Klasse vollständig in dein Heft. Verwende dazu die folgenden Stichworte.**

zu lange Schultage	Zeit für Hobbys	samstags 14-tägig	in der Woche späterer Unterrichtsbeginn

Einen Sachtext lesen und verstehen

Methode **Die Fünf-Schritt-Lesemethode**

1 Lies zunächst nur **die Überschrift** und die ersten drei bis fünf Zeilen des Textes. **Betrachte** dann **die Abbildungen.** Überlege, worum es in dem Text gehen könnte, und rufe dir ins Gedächtnis, was du vielleicht schon über das Thema weißt.
2 **Lies den gesamten Text zügig durch,** ohne dich mit Einzelheiten aufzuhalten, die dir vielleicht noch unverständlich sind. Mache dir klar, was das **Thema** des Textes ist.
3 Lies den Text **ein zweites Mal** sorgfältig durch. Kläre unbekannte oder schwierige Wörter.
4 **Markiere die wichtigsten Schlüsselwörter** (Wörter, die für die Aussage des Textes besonders wichtig sind) und **gliedere den Text in Sinnabschnitte.** Gib jedem Abschnitt eine **treffende Überschrift.** Ein neuer Sinnabschnitt beginnt dort, wo ein neues Unterthema angesprochen wird.
5 **Fasse** die wichtigsten **Informationen** des Textes in wenigen Sätzen **zusammen.** Beantworte hierbei die W-Fragen: Was ...?: Wo ...?; Wie ...? usw.

1 a **Lies die Überschrift und die ersten Zeilen des folgenden Sachtextes und sieh dir die Abbildungen an.**
b **Notiere in Stichworten, was du vielleicht schon über das Thema weißt.**

____

____

2 a **Lies den Text „Tödliche Gefahr aus dem Berg" zügig durch.**
b **Notiere nach dem ersten Lesen das Thema des Textes. Schreibe in vollständigen Sätzen.**

____

____

____

c **Lies ein zweites Mal sorgfältig und unterstreiche unbekannte Wörter. Schlage sie nach und schreibe sie mit Erklärungen in dein Heft. Tipp: Fachbegriffe zu Vulkanen findest du auch im Internet (z. B. mit der Suchmaschine *www.blinde-kuh.de*).**

Die Bedeutung **unbekannter Wörter** kannst du meist aus dem Textzusammenhang klären.
Gelingt dies nicht, solltest du **in einem Wörterbuch oder Lexikon nachschlagen.**

3 **Im ersten Abschnitt sind zwei Schlüsselwörter gelb markiert. Markiere weitere wichtige Schlüsselwörter im gesamten Text.**

Tödliche Gefahr aus dem Berg

Am Morgen des 8. Mai 1902 scheint alles ruhig in Saint-Pierre, der Hauptstadt der Karibikinsel Martinique. Die Gewitter der Nacht sind vorbei und die Bürger beginnen den Tag unbesorgt. Um kurz vor acht Uhr erschüttert der Knall dreier Explosionen die Luft. Zwei Minuten später sind nahezu alle 28 000 Einwohner der Stadt tot – nur drei überleben. Als Stunden später die ersten Helfer eintreffen, bietet sich ihnen ein schreckliches Bild. Die Stadt und der Hafen, alle Häuser und Schiffe sind vollständig verbrannt und zerstört. Eine glühend heiße Ascheschicht bedeckt das Gelände. Nur hier und da ragen noch brennende Balken und Mauerreste aus der Glut.

Die Bürger von Saint-Pierre hatten den nahe liegenden Vulkan Montagne Pelée leichtsinnig unterschätzt. Der Berg ließ schon mehrere Wochen vor seinem Ausbruch an diesem Morgen deutliche Anzeichen erkennen, die auf das bevorstehende Naturereignis hindeuteten. Mehrfach hatte Ascheregen aus einer großen Rauchwolke die Insel mit feinem Bimssteinstaub überzogen, kleinere Erdbeben erschütterten den Untergrund. Schließlich strömten gewaltige Schlammlawinen von den Berghängen ins Tal, hunderte giftiger Grubenottern tauchten unvermittelt in den Straßen der Hauptstadt auf, bissen Menschen und Haustiere. Die Schlangen hatten die Gefahr gespürt und waren vom Berg geflohen. Auch die Blitze und Donnerschläge in der Nacht vor dem Ausbruch gehörten nicht zum normalen Wetter, sondern zu einem Eruptionsgewitter, das die kommende Katastrophe ankündigte.

Damals wussten die Einwohner von Martinique noch nicht, dass ihr Vulkan zu dem gefährlichen Typ der Stratovulkane gehört, ebenso wie die Vulkane Vesuv, Ätna und Pinatubo. Bei einem Ausbruch verhalten sich Stratovulkane wie gigantische Sektflaschen, die man plötzlich entkorkt. Das geschmolzene Gestein in diesen Vulkanen enthält nämlich viel Gas, gleichzeitig fließt es besonders zäh. Dieses sogenannte Magma verstopft im Laufe der Zeit oft den Vulkanschlot, wenn es langsam aufsteigt. Dann baut sich in der Kammer darunter ein hoher Druck aus Gasen auf. Schließlich hält der Schlot dem Druck nicht mehr stand und zerbirst in einer ungeheuren Explosion. Dabei mischen sich Magmagase und Vulkanasche zu einer glühend heißen Wolke. Dieser sogenannte pyroklastische Strom ist schwerer als Luft und jagt mit unglaublicher Geschwindigkeit (400 bis 1 000 Stundenkilometer) den Vulkanhang hinab.

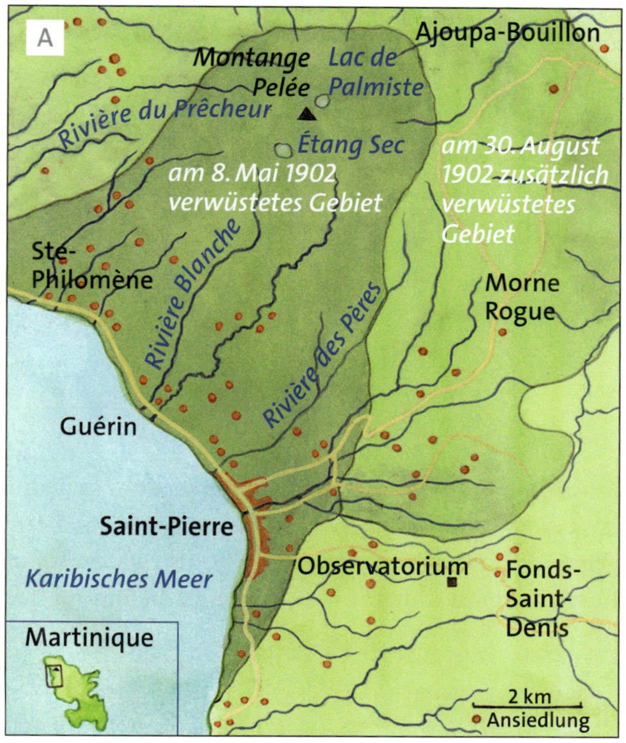

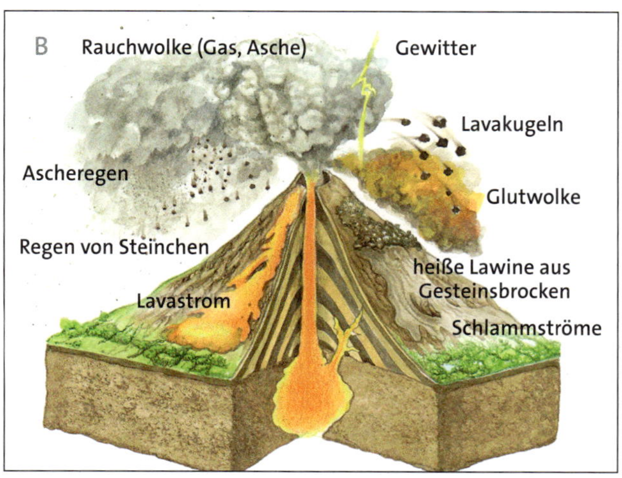

Solch eine Glutwolke wurde auch Saint-Pierre zum Verhängnis. Heutzutage haben Vulkanologen Stratovulkane und ihr Verhalten gut erforscht. Dennoch bleiben sie hochgefährlich und bis heute unberechenbar. Als 2010 in Indonesien der Mount Merapi ausbrach, starben mehr als 100 Menschen. Die Opfer hatten die Gefahr falsch eingeschätzt und waren von einem ungeheuren pyroklastischen Strom überrascht worden.

4 a **Gliedere den Text in Sinnabschnitte.**
b **Formuliere mit Hilfe der Schlüsselwörter Zwischenüberschriften für die einzelnen Sinnabschnitte.**

Z. 1 – 14 : 1902 in Saint-Pierre: nach Explosionen fast alle Einwohner tot, Stadt zerstört

Z. 15 – ____ : ____

Z. ____ – ____ : ____

Z. ____ – 59 : ____

5 **Fasse die Informationen mit eigenen Worten so in deinem Heft zusammen, dass dabei alle wichtigen W-Fragen beantwortet werden. Gehe so vor:**
Schau dir das nachfolgende Beispiel zum ersten Sinnabschnitt an. Gib zu jeder weiteren Zwischenüberschrift aus Aufgabe 4 die wichtigsten Informationen in gleicher Weise zusammengefasst wieder.

Zwischenüberschrift: 1902 (wann?) in Saint-Pierre (wo genau?): nach Explosionen (wodurch genau?) fast alle Einwohner (wie viele?) tot, Stadt (was?) zerstört
Zusammengefasste Informationen: Saint-Pierre, die Hauptstadt der Karibikinsel Martinique, wurde 1902 nach Explosion infolge des Ausbruchs des Vulkanes Montagne Pelée völlig zerstört. Dabei starben fast alle 28000 Einwohner.

Methode **Grafiken entschlüsseln**

Eine Grafik stellt Zahlen (z. B. Größenverhältnisse, Zeitangaben), Vorgänge (wie etwas funktioniert) oder Orts- bzw. Lageangaben (z. B. die Lage eines Berges) bildlich dar.
Beim Entschlüsseln einer Grafik kannst du so vorgehen:
1 Stelle fest, worum es in der Grafik geht. Hierbei hilft dir die Überschrift, sofern es eine gibt.
2 Untersuche, was in der Grafik dargestellt wird: Erklärt sie einen Vorgang, gibt sie ein Größenverhältnis an oder verdeutlicht sie eine Lage, wie z. B. eine Landkarte?
3 Prüfe, ob die Grafik Farben, Beschriftungen oder Symbole enthält, die erklärt werden.
4 Schreibe auf, worüber die Grafik informiert.

6 **Lies den Informationskasten und überlege, was die Grafiken im Sachtext (► S. 29) darstellen.**

A: ____ B: ____

7 **Sieh dir die Grafiken auf Seite 29 genau an.**
Grafik A: Notiere, auf welches Ereignis sich die Grafik bezieht und welche Auswirkungen sie darstellt.

Ereignisse: ____

Auswirkungen: ____

Grafik B: Der Text beschreibt die Anzeichen und Auswirkungen des Montagne-Pelée-Ausbruchs. Die Grafik ergänzt Ereignisse bei Ausbrüchen von Stratovulkanen, die im Text nicht erwähnt werden. Welche sind dies? Notiere.

____

____

Einen Erzähltext lesen und verstehen

Information **Schelmengeschichte (Schwank)**

Eine Schelmengeschichte (auch Schwank genannt) ist eine **kurze, lustige Erzählung**. Sie handelt von einem witzigen Ereignis oder von einem Streich, der jemandem gespielt wird. Die **Helden sind Schelme und Narren**, die ihre Mitmenschen mit einer **List** hereinlegen und ihnen damit eine **Lehre** erteilen.
Wie ein Witz hat auch die Schelmengeschichte **einen lustigen Höhepunkt (Pointe)**, der meist darin besteht, dass der Schwächere (z. B. der Schelm, der Knecht) den Stärkeren (z. B. den Gelehrten, den Reichen, den Herrn oder den König) an der Nase herumführt.
Besonders bekannt sind die Streiche von **Till Eulenspiegel**, der seine Aufträge oft wörtlich nimmt und damit nicht im gemeinten Sinne ausführt.

1 **Lies die Schelmengeschichte über Till Eulenspiegel.**

Thomas Ostwald

Eulen und Meerkatzen

Eulenspiegel wollte es einmal mit einem andern Handwerk versuchen. Als er nun eines Abends durch das Tor in der Stadt Braunschweig wanderte, da traf er auf einen Bäckermeister. Der hatte schlechte Laune, denn er arbeitete nicht besonders gern und hatte noch keinen Gesellen, der ihm half.
Der Bäcker hielt Till für einen wandernden Handwerker und rief: „He, du, was für ein Geselle bist du?" „Ich bin ein Bäckerknecht", antwortete Eulenspiegel. Da freute sich der Meister und nahm ihn sofort in seinen Dienst.
Damit war Eulenspiegel zufrieden und ließ sich von dem Meister gleich in dessen Haus führen.
Als er zwei Tage bei ihm gewesen war, meinte der Meister, nun könne er die Arbeit wohl allein verrichten. Eulenspiegel aber fragte: „Ja, was soll ich denn backen?" Darüber ärgerte sich der Meister und er spottete: „Du bist ein Bäckerknecht und fragst noch, was du backen sollst? Was pflegt man denn zu backen? Eulen und Meerkatzen."
Der Meister verließ die Backstube. Kaum war Till allein, da knetete er den Teig und formte daraus nur Eulen und Meerkatzen. Darauf brachte er sie in den Ofen und buk sie.
Als der Meister am anderen Morgen zurückkam, war er sprachlos. Brot und leckere Semmeln, die er seinen Kunden am frühen Morgen liefern musste, fand er nämlich nirgends. Dafür standen überall, auf dem Tisch, auf dem Ofen, sogar auf dem Fensterbrett, Eulen und Meerkatzen.
Da kam der Meister in Wut. „Was hast du denn gebacken?" – „Was Ihr mich geheißen[1] habt, Meister: Eulen und Meerkatzen", erwiderte Till. Da packte und schüttelte ihn der Meister: „Was soll ich mit dem Narrenkram machen? Dieses Brot nimmt mir doch kein Kunde ab. Bezahle mir meinen Teig!"
„Gut", meinte Eulenspiegel. „Ich will den Teig bezahlen, aber dann soll das, was ich gebacken habe, auch mir gehören." „Mir ist es recht", gab der Meister zurück. „Eulen und Meerkatzen machen meinen Laden nur zum Spott der Leute." Da bezahlte Eulenspiegel dem Bäcker seinen Teig, packte die gebackenen Eulen und Meerkatzen in einen Korb und verließ das Haus.
Auf der Straße angekommen, stellte er sich mit seinen Eulen und Meerkatzen am Marktplatz auf, wo gerade die Kinder aus der Schule kamen. Als diese die gebackenen Leckereien sahen, da liefen sie nach Hause und quälten ihre Eltern so lange, bis diese ihnen Eulen und Meerkatzen kauften.
So war Eulenspiegel im Umsehen[2] die Ware los und hatte dabei noch ein gutes Geschäft gemacht.

1 heißen: hier: befehlen

2 im Umsehen: in kurzer Zeit

2 **Sind dir beim Lesen Wörter und Wendungen aufgefallen, die du nicht auf Anhieb verstanden hast? Kläre ihre Bedeutung.**

3 **Die folgenden Aussagen fassen jeweils einen Sinnabschnitt zusammen. Wähle für jeden Sinnabschnitt die richtige Aussage aus und trage den Buchstaben dazu links ein: Wie lautet das Lösungswort?**

1 ☐ 2 ☐ 3 ☐ 4 ☐ 5 ☐

1 Zeile 1 bis 13: A Till ist ein Bäckergeselle, der bei einem Bäckermeister in Braunschweig eine neue Anstellung findet.
E Till ist ein Schelm und lässt sich als Bäckergeselle in Braunschweig anstellen, obwohl er das Bäckerhandwerk nicht beherrscht.

2 Zeile 14 bis 24: U Der Bäckermeister ist faul und verlangt, dass Till am dritten Tag die Arbeit allein macht. Deshalb legt Till den Bäcker herein.
D Der Bäcker arbeitet ständig mit Till zusammen und unterstützt ihn. Deshalb wird Till schnell zu einem wahren „Backkünstler".

3 Zeile 25 bis 36: L Als Rache dafür, dass Till den Auftrag des Bäckers nicht so ausführt, wie der Bäcker es wollte, muss er den verbrauchten Teig bezahlen.
F Als Rache dafür, dass Till den Auftrag des Bäckers nicht so ausführt, wie der Bäcker es wollte, muss Till noch länger in der Backstube arbeiten.

4 Zeile 37 bis 50: G Till lässt den Bäcker dumm dastehen, indem er der Braunschweiger Bevölkerung von der ungerechten Strafe des Bäckers erzählt.
E Till lässt den Bäcker dumm dastehen, indem er seine Backwaren erfolgreich verkauft und ein gutes Geschäft macht.

5 Zeile 51 bis 52: J Am Ende ist der Meister der Gewinner, weil Till ihm den entstandenen Schaden ersetzen muss.
N Am Ende ist Till der Gewinner, weil er dem Meister eine Lehre erteilt hat und zusätzlich ein gutes Geschäft gemacht hat.

4 **Fasse den Inhalt der Schelmengeschichte mit wenigen Sätzen zusammen. Deine Ergebnisse von Aufgabe 3 helfen dir dabei. Verwende beim Schreiben die folgenden Formulierungen.**

In der Einleitung der Geschichte erfährt man ... | Im Hauptteil wird erzählt, dass ... | Der Schluss zeigt, dass ... | Deshalb überlegt Till sich folgende List ...

____

____

____

____

____

Methode **Eine Figurenskizze erstellen**

In einer Figurenskizze kannst du darstellen, welche Eigenschaften Figuren haben und in welcher Beziehung sie zu anderen Figuren stehen.
- Trage alle wichtigen Informationen über jede Figur zusammen. Achte auf das, was sie redet, denkt und fühlt, und darauf, wie sie handelt.
- Zeichne für jede Figur/Figurengruppe einen Kasten: Trage Namen und Eigenschaften der Figuren ein.
- Verbinde die Kästen durch Pfeile. Notiere daneben, in welcher Beziehung die Figuren zueinander stehen.

5 a **Markiere im Text mit zwei Farben alle wichtigen Informationen, die du über Till und den Bäcker erhältst.**
b **Übertrage die folgende Figurenskizze vergrößert in dein Heft und trage die Informationen in die Kästen ein.**
c **Beschreibe für jeden Pfeil die Beziehung zwischen den Figuren.**

Till Eulenspiegel
- kommt nach Braunschweig.
- gibt sich als Bäckergeselle aus.
- ...

Till legt den Bäckermeister herein, weil ...

Der Bäckermeister behandelt Till ...

Bäckermeister
- Bäckerei in Braunschweig
- Bäckermeister sucht einen Gesellen
- ...

6 **Beschreibe die Figuren und ihre Beziehung in wenigen Sätzen.**
Deine Ergebnisse aus Aufgabe 5 b und die folgenden Formulierungen helfen dir. Schreibe ins Heft.

In dieser Schelmengeschichte gibt es zwei Hauptfiguren, nämlich ...

Über den Bäcker wird schon am Anfang der Geschichte erzählt, dass er ...

Till ist ein Schelm und führt ... an der Nase herum.

7 a **Die Komik dieser Schelmengeschichte entsteht aus einem absichtlichen Missverstehen.**
Beschreibe im Heft, auf welche Weise Till die Anweisung des Bäckers falsch versteht.

Der Bäcker sagt:	Der Bäcker meint:	Das macht Till daraus:
„Du bist ein Bäckerknecht und fragst noch, was du backen sollst? Was pflegt man denn zu backen? Eulen und Meerkatzen." (Z. 18–20)	*Till soll ...*	*„Ich will ...*

b **Beschreibe die Komik mit eigenen Worten. Setze den Satz im Heft fort.**

Till nimmt die Anweisung des Bäckers wörtlich. Er ...

8 ●●● **Till erzählt einem Freund, wie er den Bäcker in Braunschweig hereingelegt hat.**
Versetze dich in Till und teile auch seine Gedanken und Gefühle mit.
Greife den Erzählkern auf und schreibe ins Heft, was Till erzählt.

Eines Tages, als ich meine Anstellung bei einem Schuster verloren hatte, wanderte ich dennoch gut gelaunt weiter nach Braunschweig, um ein neues Handwerk auszuprobieren. Kaum hatte ich das Stadttor durchschritten, da kam mir auch schon ein wohlgenährter Bäcker entgegen. Ich erkundigte mich nach dem Weg. Der Bäcker gab mir Auskunft und fragte mich geschwind: „ Junger Mann,...

Ein Gedicht gestaltend vortragen

Methode **Einen Gedichtvortrag vorbereiten**

Gedichte kommen beim Vortrag besser zur Geltung, wenn du ihn bewusst gestaltest:
- Lies das Gedicht mehrmals leise und auch laut. Versetze dich in die Stimmung des Gedichts und mache dir klar, wovon es handelt.
- Bereite das Gedicht vor, indem du es mit Betonungszeichen markierst:
  - **Betonung:** Unterstreiche Wörter, die du betonen willst. Betone sinngemäß, z. B. einen Ausruf, wörtliche Rede: *„Das geht aber nicht.“ – „Das geht aber nicht!“*
  - **Pausen:** Markiere Textstellen, an denen du eine kurze Pause (|) oder eine längere Pause (||) machen willst, um z. B. Spannung oder Nachdenklichkeit zu erzeugen; z. B.: *Sie stockte. | Was war das?*
  - **Lautstärke:** Setze, wo du lauter werden willst, ein ◄; wo du leiser werden willst, ein ►.
  - **Sprechgeschwindigkeit:** Kennzeichne Textstellen, an denen du dein Sprechtempo erhöhen willst, mit ——►; solche, an denen du langsamer sprechen willst, mit ◄——.

1 a **Lies das Gedicht von Jutta Richter.**
b **Suche für jeden Vers ein Adjektiv, das das Verhalten der Katze beschreibt. Notiere es daneben.**
c **Welche Textstellen könnten durch Pausen betont werden? Markiere sie durch ein Pausenzeichen: |.**
d **Übe den Gedichtvortrag. Beachte dabei deine Ergebnisse aus Aufgabe 1 b und c sowie die Methode oben.**

Jutta Richter

Die Katze

Auf der Mauer sitzt die Katze bewegungslos
auf der Lauer, hebt die Tatze ______
da im Gras bewegt sich was ______

Von der Mauer sprang die Katze ______
ist jetzt sauer, leckt die Tatze wehleidig,
da im Gras der Igel saß ______

2 **Lies das Gedicht von James Krüss.**

James Krüss

Küken-Kindergarten

Das huschelt und kuschelt
Und trippelt und kippelt
Und kribbelt und wibbelt,
Das pickt und das piept,
Das huselt und wuselt.
Man wird ganz beduselt,
Wenn man auf dem Hofe
Die Küken erblickt.

Aufs Picken und Nicken
Der Küken zu blicken
Macht Kinder nicht minder
Wie Große konfus.
Das schlägt sich, verträgt sich,
Das ziept sich, das liebt sich
Und kommt mit Gerenne
Zur Henne am Schluss.

Doch friedlich und niedlich
Hockt schließlich gemütlich
Die flauschige, bauschige,
Lauschige Schar,
Geborgen vor Sorgen,
Im Schutze der Glucke,
Die früher genauso
ein Kükenkind war.

3 **Fasse in je einem Satz zusammen, was der Dichter beschreibt:**

Strophen 1 + 2: ______

Strophe 3: ______

Mache dir durch einen **Sprechbogen** deutlich, was als eine Einheit zwischen zwei Pausen gelesen werden soll. Häufig ist das ein Satz oder Teilsatz. Am Ende einer solchen Einheit senkst du die Stimme.

Zwischen ein Uhr und halb zwei | tönt aus dem Garten groß Geschrei.

4 a **Notiere, mit welchem Sprechtempo du den unterschiedlichen Inhalt der Strophen verdeutlichen kannst.**

Sprechtempo Strophen 1 + 2: ____________________ Sprechtempo Strophe 3: ____________________

b **Unterstreiche im Gedicht von James Krüss (▸ S. 34) Wörter, die sich reimen, in derselben Farbe.**

c **Wie kannst du die Wirkung der Reimwörter verstärken? Probiere es beim lauten Lesen aus.**

d **Markiere die Satzenden. Setze das Zeichen) dort, wo du über das Zeilenende hinweglesen musst.**

e **Lies jeden Satz einzeln in einem Sprechbogen. Achte auf Sprechtempo und Reimwörter.**

5 a **Bereite den Vortrag des Gedichts von Boy Lornsen vor.**
Tipp: Kennzeichne hier die wörtliche Rede durch Redezeichen (vgl. Vers 6).

b **Trage das Gedicht jemandem vor und bitte um eine Rückmeldung (Feedback).**

Boy Lornsen

Nachts im Gemüsegarten

Zwischen ein Uhr
und halb zwei
tönt aus dem Garten
groß Geschrei.

Meint der Spargel:
„Ich bin teuer.“
Und die Zwiebel:
Brenn wie Feuer.

Und was wäre
der Mensch wohl
ohne mich?! ,
knurrt der Kohl.

Uns isst man roh
sowie gesotten,
plappern fröhlich
die Karotten.

Ich bin würzig! ,
ruft die Bohne.
Und ich auch! ,
schreit der Lauch.

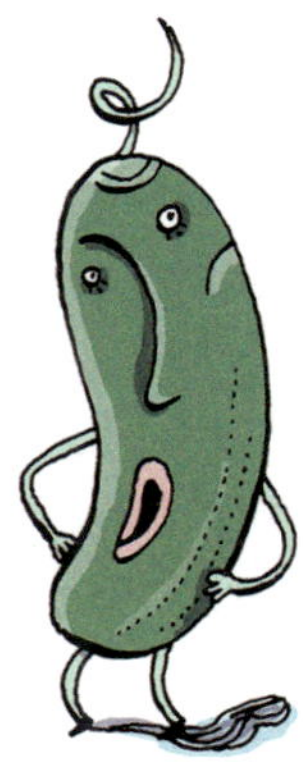

Sagt die Gurke
noch genauer:
Mich genießt man
süß und sauer.

Brummt die Rübe:
Und von mir
nährt sich der Mensch
und auch das Tier!

Piept die Erbse:
Ich schmeck lecker …

Schluss mit dem Gemecker! ,
schreit
das Radieschen
Lieschen
laut:

Ob Schote, Knolle, Kraut,
ob oberirdisch,
unterirdisch,
ob mit, ob ohne Kern –
uns alle hat man gern.

In einem sind wir alle gleich:
Wir sind an Vitaminen reich:
und darum sind wir
nämlich
auch alle gleich
bekömmlich.

Was kannst du schon? – Grammatik

1 **Um welche Wortart handelt es sich? Kreuze an. (9 Punkte)**

	Tasche	gewinnen	das	schnell	ein	wir	springen	mir	Sport
Nomen (Hauptwort, Substantiv)	☐	☐	☐	☐	☐	☐	☐	☐	☐
Verb (Tätigkeitswort)	☐	☐	☐	☐	☐	☐	☐	☐	☐
Adjektiv (Eigenschaftswort)	☐	☐	☐	☐	☐	☐	☐	☐	☐
Artikel (Begleiter)	☐	☐	☐	☐	☐	☐	☐	☐	☐
Pronomen (Fürwort)	☐	☐	☐	☐	☐	☐	☐	☐	☐

2 **Ergänze zu jedem Wort den richtigen Artikel und trage den Plural (die Mehrzahl) ein. (4 Punkte)**

_______ Stab – ____________________ _______ Fest – ____________________

_______ Stoppuhr – ____________________ _______ Ergebnis – ____________________

3 **a Markiere im folgenden Satz die drei Adjektive. Trage sie in der Grundform in die Tabelle ein. (3 Punkte)**
b Ergänze in der Tabelle die noch fehlenden Formen. (6 Punkte)

Die interessanteste Frage ist, wer in diesem Jahr die berühmte Schulfrisbeescheibe am weitesten wirft.

Positiv (Grundform)	**Komparativ** (1. Steigerungsstufe/ 1. Vergleichsstufe)	**Superlativ** (2. Steigerungsstufe/ 2. Vergleichsstufe)

4 **Setze die Verben im Präteritum (in der einfachen Vergangenheit) ein. (8 Punkte)**

Beim Sportfest im letzten Jahr ____________ (passieren) die Sache mit Hanna. Sie ____________ (wollen) eigentlich nur einen Hochsprung durchführen. Dafür ____________ (nehmen) sie in einem gekonnten Bogen Anlauf. Frau Freund, die Biologielehrerin, ____________ (schlendern) nichts ahnend über den Platz. Hanna ____________ (rennen) mit vollem Schwung auf sie zu und ____________ (prallen) gegen sie. Sie ____________ (sein) dabei so konzentriert auf den Hochsprung, dass sie nach dem Aufprall plötzlich auf der Schulter der Lehrerin ____________ (sitzen).

5 **Kreuze für jede der Aussagen A bis I an, ob sie in Bezug auf die Sätze 1 bis 6 richtig oder falsch ist. (9 Punkte)**

1. Das Sportfest endet mit der Siegerehrung.
2. Die Schulleiterin überreicht allen Gewinnern ihre Auszeichnungen.
3. Die meisten Medaillen hat Lukas gewonnen.
4. Er freut sich riesig und umarmt seine Freundin Marie.
5. Nach dem Schlussapplaus gehen die Kinder erschöpft nach Hause.
6. Am Montag wird ein ausführlicher Artikel in der Tageszeitung erscheinen.

		richtig	falsch
A	Der erste Satz besteht aus vier Satzgliedern.	☐	☐
B	Im zweiten Satz steht das Prädikat (die Satzaussage) an der zweiten Satzgliedstelle.	☐	☐
C	Der vierte Satz enthält zwei Prädikate.	☐	☐
D	Jeder Satz enthält ein Subjekt (einen Satzgegenstand).	☐	☐
E	Das Objekt im dritten Satz steht im Akkusativ (Wen-Fall).	☐	☐
F	Das fünfte Wort im fünften Satz ist das Prädikat.	☐	☐
G	Nur der sechste Satz enthält ein zweiteiliges Prädikat.	☐	☐
H	Kein Satz enthält ein Objekt im Dativ (Wem-Fall).	☐	☐
I	Nur im ersten und zweiten Satz steht das Subjekt als erstes Satzglied.	☐	☐

6 **a Bestimme die Satzart in der Sprechblase links und trage das richtige Satzzeichen ein. (3 Punkte)**
b Verändere jeden Satz passend zum rechts vorgegebenen Satzzeichen: Schreibe die umformulierten Sätze auf. (3 Punkte)

A Kommst du mit zum Weitsprung ☐ — ______________________ !

B Ich weiß nicht, wo meine Sporttasche ist ☐ — ______________________ ?

C Mach die Flasche sofort wieder zu ☐ — ______________________ .

7 **a Überprüfe deine Lösungen mit Hilfe des Lösungsheftes.**
b Trage ein, wie du die Aufgaben bewältigt hast: ✔ = das Meiste richtig ? = noch etwas unsicher

Aufgabe	1 ☐	2 ☐	3 ☐	4 ☐	5 ☐	6 ☐
Weitere Übungen	Seite 38–48	Seite 38–40	Seite 45	Seite 53–54	Seite 57–66	Seite 67

Wortarten

Nomen – Nomenbegleiter kennen

Information **Das Nomen** (Plural: die Nomen)

Die meisten Wörter unserer Sprache sind Nomen (auch: Hauptwörter, Substantive). **Nomen** bezeichnen
- Lebewesen/Eigennamen, z. B.: *Wetterfrosch, Blume, Peter,*
- Gegenstände, z. B. *Wetterkarte, Thermometer, Windmesser,*
- Begriffe (Gedanken, Gefühle, Zustände ...), z. B. *Frühlingsgefühl, Ferienwetter.*

Nomen werden immer **großgeschrieben** (▸ S. 100). Sie werden im Satz oft von **Wörtern begleitet**, z. B. von:
- einem **bestimmten Artikel,** z. B.: *der Wetterfrosch, die Wetterkarte, das Thermometer,* oder
- einem **unbestimmten Artikel,** z. B.: *ein Wetterfrosch, eine Wetterkarte, ein Thermometer,* oder
- einem **Adjektiv** (▸ S. 44), z. B.: *grüner Wetterfrosch, neue Wetterkarte, kaputtes Thermometer.*

1 **Rund ums Wetter: Finde senkrecht ↓ und waagerecht → insgesamt weitere 11 Nomen und markiere sie.**

R	E	G	E	N	S	C	H	I	R	M	O	H	I	T	Z	E	F	W	S
S	W	I	N	D	H	O	S	E	A	U	F	W	A	R	M	N	O	I	C
T	Ä	I	M	M	E	R	T	H	E	R	M	O	M	E	T	E	R	N	H
U	R	B	U	N	T	S	C	H	N	E	L	L	B	E	I	B	S	T	N
R	M	G	E	W	I	T	T	E	R	W	U	K	E	I	N	E	C	E	E
M	E	D	U	R	E	G	E	N	B	O	G	E	N	N	B	L	H	R	E

2 **Ergänze die bestimmten Artikel.**

die Schneeflocke ______ Hagel ______ Unwetter

______ Wolke ______ Hitze ______ Gewitter

Wende die **Artikelprobe** an: Wenn du beim Schreiben in Gedanken einen Artikel davorsetzen kannst, ist das Wort ein Nomen.

3 **Unterstreiche im folgenden Text alle Nomen. Führe – falls nötig – die Artikelprobe durch.**

Von Wettermachern und Wetterforschern

die Wettermacher
die Wetterforscher

Schon immer wollten sich die Menschen natürliche Erscheinungen wie das Wetter erklären können. Was wir nicht verstehen, macht uns oft Angst. Deshalb ordneten früher viele Völker natürlichen Gegebenheiten wie der Sonne, dem Mond, dem Donner oder auch dem Blitz Götter zu. Die Griechen glaubten in der Antike, dass das Wetter von den Göttern im Olymp bestimmt wurde. Für Gewitter war der Göttervater Zeus zuständig. Er schleuderte Blitze auf die Erde und ließ es mächtig donnern.

4 **a** **Trenne in der Fortsetzung des Textes die einzelnen Wörter mit Schrägstrichen ab.**
b **Unterstreiche anschließend alle Nomen.**

JEMEHRDIEMENSCHENSICHFÜRNATURWISSENSCHAFTLICHEFORSCHUNGENINTERESSIERTEN, DESTO MEHRVERÄNDERTENSICHERKLÄRUNGENUNDWISSENINDERWETTERKUNDE, GENANNT METEOROLOGIE.

Information **Das Genus** (das grammatische Geschlecht eines Nomens, Plural: die Genera)

Jedes Nomen hat ein Genus (ein grammatisches Geschlecht), das man an seinem Artikel erkennen kann. Es gibt in unserer Sprache **drei verschiedene Genera** (grammatische Geschlechter):
- ein **Maskulinum** (männliches Nomen), z. B.: *der Hund, der Tiger, der Ball, der Mann,*
- ein **Femininum** (weibliches Nomen), z. B.: *die Katze, die Maus, die Tür, die Frau,*
- ein **Neutrum** (sächliches Nomen), z. B.: *das Pferd, das Huhn, das Heft, das Kind.*

Das grammatische Geschlecht weicht manchmal vom natürlichen (biologischen) Geschlecht ab, z. B.: *das Mädchen* (grammatisches Geschlecht: Neutrum, natürliches Geschlecht: weiblich).
Tipp: Bei zusammengesetzten Nomen richtet sich das Genus nach dem letzten Nomen, z. B.: *die Haustür = das Haus + die Tür,* also: *die Haustür*

5 **Markiere farbig: Nomen mit männlichem Geschlecht (Maskulinum) blau, Nomen mit weiblichem Geschlecht (Femininum) grün und sächliche Nomen (Neutrum) gelb.**

Oskar Stock

Übers Wetter

Könnt' der Mensch das Wetter machen,
gäbe es nicht viel zu lachen,
denn es herrschte Streiterei,
was das beste Wetter sei.

Der eine schwärmte von der Sonne
und deren Strahlen voller Wonne,
weil er sich darin könnte aalen
und hier mit seinem Körper prahlen.

Der andere pochte auf den Regen
und auf den Schnee auch, meinetwegen,
weil die Natur nach Nässe schreit
und sonst nichts wachse mit der Zeit.

Drum ist 's vom Wetter gut und recht,
dass es so ist, wie 's grade möcht',
und schimpft der eine gar am Ende,
der andre reibt sich froh die Hände.

6 **Welches Genus hat das jeweilige Nomen? Kreuze in der Tabelle die richtige Spalte an.**

Nomen	Maskulinum	Femininum	Neutrum	Nomen	Maskulinum	Femininum	Neutrum
Wetter				Wetterleuchten			
Wetterfahne				Wetterbericht			
Wetterhahn				Wettervorhersage			
Wetterkarte				Wetterfrosch			
Wetterwechsel				Sauwetter			
Wetterstation				Wetterwarte			

7 **Streiche die Nomen durch, bei denen Genus und natürliches Geschlecht nicht übereinstimmen.**

der Mann   die Frau   das Mädchen   der Junge   der Vater   die Mutter

die Tante   das Kind   der Großvater   die Oma   der Onkel   das Männchen

das Huhn   das Ferkel   das Reh   die Kuh   der Bulle   der Hahn

Information **Der Numerus** (die Anzahl, Plural: die Numeri)

Nomen haben einen Numerus, d. h. eine Anzahl. Sie stehen entweder im
- **Singular** (Einzahl), z. B. *der Sturm, die Wolke, das Nebelfeld,* oder im
- **Plural** (Mehrzahl), z. B. *die Stürme, die Wolken, die Nebelfelder.*

8 **Markiere im Gedicht alle Nomen im Singular grün und alle Nomen im Plural blau.**

Josef Guggenmos

Das Gewitter

Hinter dem Schlossberg kroch es herauf:
Wolken – Wolken!
Wie graue Mäuse,
ein ganzes Gewusel.

Zuhauf
jagten die Wolken gegen die Stadt.
Und wurden groß
und glichen Riesen
und Elefanten
und dicken finsteren Ungeheuern,
wie sie noch niemand gesehen hat.

„Gleich geht es los!“,
sagten im Kaufhaus Dronten
drei Tanten
und rannten heim,
so schnell sie
konnten.

Da fuhr ein Blitz
mit helllichtem Schein,
zickzack,
blitzschnell
in einen Alleebaum hinein.
Und ein Donner schmetterte hinterdrein,
als würden dreißig Drachen
auf Kommando lachen,
um die Welt zu erschrecken.

Alle Katzen der Stadt
verkrochen sich
in den allerhintersten Stubenecken.
Doch jetzt ging ein Platzregen nieder!
Die Stadt war überall
nur noch ein einziger Wasserfall.
Wildbäche waren die Gassen.

Plötzlich war alles vorüber,
die Sonne kam wieder
und blickte vergnügt
auf die Dächer, die nassen.

9 **Bilde den Plural zu den folgenden Nomen.**

der Sturm die Stürme ______

die Wolke ______

das Unwetter ______

der Wasserstand ______

die Regentonne ______

der Blitz ______

die Pfütze ______

der Tropfen ______

b Was stellst du in Bezug auf den Artikel im Plural fest? Notiere deine Beobachtung.

______

______

Information **Der Kasus** (der Fall, Plural: die Kasus)

In Sätzen erscheinen Nomen immer in einem bestimmten Kasus (grammatischer Fall). Im Deutschen gibt es vier Kasus. Nach dem Kasus richten sich die Form des Artikels und die Endung des Nomens. Man kann den Kasus eines Nomens **durch Fragen ermitteln**:

Kasus	Kasusfrage	Beispiele
1. Fall: **Nominativ**	Wer ...? oder Was ...?	*Die kleine Hexe köchelt den Wettertrank.*
2. Fall: **Genitiv**	Wessen ...?	*Der Rabe der kleinen Hexe heißt Abraxas.*
3. Fall: **Dativ**	Wem ...?	*Die kleine Hexe vertraut ihrem Raben sehr.*
4. Fall: **Akkusativ**	Wen ...? oder Was ...?	*Er warnt die kleine Hexe vor Übermut.*

10 ●●●

a Erfrage für jede fett gedruckte Wortgruppe den Kasus: Kreuze ihn an.

b Trage ganz rechts das Wort ein, das zur angekreuzten Zahl gehört: Diese Wörter findest du unter der Tabelle. Wenn du alles richtig gemacht hast, ergibt sich, von oben nach unten gelesen, ein Lösungssatz.

	Die kleine Hexe übt Regenmachen	Kasusfrage	Nominativ	Genitiv	Dativ	Akkusativ	Lösungswörter:
A	Etwa sechs Stunden am Tag verbringt **die kleine Hexe** damit, das Hexen zu üben.	Wer?	[x] 12	8	[x] 11	2	Trotz
B	Der Rabe Abraxas leistet **der kleinen Hexe** dabei Gesellschaft.	Wem	4	7	2	9	
C	Die kleine Hexe hält große Stücke auf ihn, weil er ihr immer **seine Meinung** sagt.	Was	13	1	5	[x] 14	[illegible] will
D	Heute übt sie gerade **das Regenmachen**.	Was	[x] 6	10	15	[x] 3	Zaubern
E	**Abraxas** ist sehr unzufrieden mit ihr.	Wer	[x] 5	9	13	1	die
F	Statt nämlich Regen zu machen, lässt die kleine Hexe es erst **Frösche** regnen, dann Regenwürmer und schließlich Buttermilch.	was	[x] 14	3	8	[x] 7	Ermahnung
G	„Wenn du dich nicht sofort besser konzentrierst, werde ich mich **deines Zauberstabes** bemächtigen. Das ist ja zum Mäusemelken!", krächzt der Rabe.	Wen	4	10	15	[x] 13	Ermahnungen
H	Die kleine Hexe kann **dem Raben** nicht wirklich widersprechen. Sie ist heute einfach nicht bei der Sache.		1	11	9	15	
I	Heute ist nämlich **Walpurgisnacht**. Aber die kleine Hexe darf noch nicht am Hexentanz teilnehmen: Sie ist mit ihren einhundertsiebenundzwanzig Jahren noch zu jung!		15	13	4	8	

Hier findest du die Lösungswörter:

1 Rabe	4 große	7 kleine	10 Hexe	13 Regen
2 Abraxas'	5 die	8 Zauberstab	11 eine	14 Ermahnungen
3 will	6 zaubern	9 zum Blocksberg	12 ~~Trotz~~	15 reiten

Pronomen

Information **Das Personalpronomen** (persönliches Fürwort; Plural: die Personalpronomen)

Es gibt verschiedene Arten von Pronomen.
- Mit dem **Personalpronomen** *(ich, du, er, sie, es, wir, ihr, sie)* kann man **Nomen und Namen ersetzen**, z. B.:
  Der Lehrer für Zaubertränke ist sehr streng, er duldet keinen Widerspruch.
  Astor hat seinen Kessel mit den falschen Zutaten gefüllt. Deshalb hält der Lehrer ihm eine Strafpredigt.
- Personalpronomen werden wie die Nomen **dekliniert** (gebeugt):

	Singular			Plural		
Kasus	**1. Person**	**2. Person**	**3. Person**	**1. Person**	**2. Person**	**3. Person**
1. Fall: **Nominativ**	*ich*	*du*	*er/sie/es*	*wir*	*ihr*	*sie*
2. Fall: **Genitiv**	*meiner*	*deiner*	*seiner/ihrer/seiner*	*unser*	*euer*	*ihrer*
3. Fall: **Dativ**	*mir*	*dir*	*ihm/ihr/ihm*	*uns*	*euch*	*ihnen*
4. Fall: **Akkusativ**	*mich*	*dich*	*ihn/sie/es*	*uns*	*euch*	*sie*

1 **Prüfe, welches der unterstrichenen Personalpronomen richtig ist: Streiche die falschen Personalpronomen durch.**

Zaubertrankkunde bei Professor Taranis

Professor Taranis unterrichtet Zaubertrankkunde. Er/Sie/Es ist ein strenger Lehrer. Heute sollen die Schüler einen Gewittertrank herstellen. „Er/Es/Ich ermahne euch/ihnen/uns nur einmal, es/ihr/wir müsst zunächst gründlich eure Kessel reinigen, bevor du/sie/ihr anfangen könnt." Luna schrubbt ihren Kessel voller Hingabe mit einer Bürste, er/sie/es hat vor lauter Anstrengung schon Schweißperlen auf der Stirn. „Ich/Er/Du musst noch gründlicher sein!", ermahnt Mr Taranis es/sie/ihn streng.

2 **Setze in jede Lücke ein Personalpronomen im richtigen Kasus.**
Tipp: Im Informationskasten findest du eine Übersicht der Pronomen.

Endlich sind alle Schüler fertig. Nun sollen sie die Zutaten richtig abmessen. „__________ benötigt drei Tropfen Krötenschleim, vier Esslöffel Schlangenzähne, fünf Fliegenpilze und eine Prise Spinnenbein. __________ erwarte, dass keine Zutaten verschwendet werden, __________ sind sehr kostbar." Anschließend verkündet Mr Taranis: „Nun wollen __________ den richtigen Zauberspruch üben, sprecht __________ nach: Krötenschleim und Schlangenzahn, es gebe Stürme und Orkan, Fliegenpilz und Spinnenbein, schwarz soll jetzt der Himmel sein!"

3 ●●●
a **Schreibe den Text ab und setze in jede Lücke ein Personalpronomen im richtigen Kasus.**
b **Unterstreiche das Bezugswort dazu und prüfe noch einmal, ob das Pronomen wirklich passt.**

Leider hat Astor Mr Taranis' Anweisungen nicht befolgt. Statt der Spinnenbeine hat ? Rattenfüße in den Trank gemischt. Das Gebräu hat den Kessel zur Explosion gebracht. Nun kann man ? zu nichts mehr gebrauchen. Die Zutaten von Astors Trank haben sich im ganzen Klassenraum verteilt, ? kleben teilweise sogar unter der Decke. Ein Fliegenpilzhut ist direkt auf dem Kopf von Mr. Taranis gelandet. „ ? steht ? wirklich gut!", flüstert Luna ihrer Nachbarin ins Ohr. Astor muss zur Strafe ein Stundenprotokoll schreiben.

Information **Das Possessivpronomen** (besitzanzeigendes Fürwort; Plural: die Possessivpronomen)

Possessivpronomen (*mein/meine – dein/deine – sein/seine, ihr/ihre – unser/unsere – euer/eure – ihr/ihre*) geben an, (zu) wem etwas gehört. **Possessivpronomen begleiten** meist **Nomen** und stehen dann in dem gleichen Kasus (Fall) wie das dazugehörige Nomen, z. B.: *Ich packe meine Kleidung in meinen Koffer.*

4 **a Fülle die Lücken mit den passenden Possessivpronomen. Achte auf den richtigen Kasus.**
b Unterstreiche alle Personalpronomen im Text mit Grün.

Wieder steht „Gewittermachen" auf dem Plan. Vor der Stunde bahnt sich in den hinteren Bänken ein Streit an: „Das ist __________ Zauberstab, gib ihn zurück!", flüstert Leila. „Da hast du __________ blöden Zauberstab!", zischt Luna, „dann gibst du mir aber auch __________ Zauberbuch wieder." „Ruhe dahinten!", donnert Mr Taranis, „wir wiederholen heute den Gewitterzauber. __________ kläglichen Versuche in der letzten Stunde haben mich noch nicht überzeugt." Aber o Schreck: Luna hat für __________ Trank zu viel Fliegenpilz verwendet, sodass aus __________ Kessel ununterbrochen ein übel riechendes Gebräu schäumt. Pollux hat __________ Trank statt der Schlangenzähne Mäusedreck hinzugefügt, mit dem Erfolg, dass der ganze Klassenraum von Mäusen nur so wimmelt. Erst Mr Taranis kann mit Hilfe ______________ Zauberkunst das Chaos beenden. Was für ein Trubel!

5 **In Astors Protokoll wimmelt es von Wiederholungen! Hilf ihm, seinen Text zu überarbeiten, bevor er ihn abgibt.**
a Markiere alle Nomen, die du durch Personal- oder Possessivpronomen ersetzen kannst, z. B.:

Die Schüler stellen sich an den Tischen auf. Anschließend sollen die Schüler die Kessel der Schüler säubern.

Das Stundenprotokoll

Mr Taranis zeigte den Schülern in der letzten Stunde, wie Schüler ein Gewitter machen können. Zunächst musste jeder Schüler den Kessel des Schülers gründlich säubern. Nachdem Mr Taranis mit dem Ergebnis zufrieden war, erklärte Mr Taranis den Schülern, dass die Schüler die Zauberbücher der Schüler aufschlagen sollten. Die Zutaten für den Gewittertrank standen im Buch, die Zutaten mussten jetzt nur noch richtig abgemessen und in den Kessel gefüllt werden. Mr Taranis forderte anschließend die Klasse auf, Mr Taranis den passenden Zauberspruch nachzusprechen.
Leider hatte ein Schüler das Rezept nicht genau genug gelesen: Der Schüler verwechselte Spinnenbeine mit Rattenfüßen, daher explodierte der Kessel des Schülers. Mr Taranis war über diesen Schüler so wütend, dass Mr Taranis dem Schüler auftrug, ein Stundenprotokoll zu verfassen, welches der Protokollant hiermit vorlegt.

b Schreibe den Text in dein Heft: Ersetze jetzt die markierten Nomen durch passende Pronomen.
Tipp: Ersetzt du die Angabe, wem etwas gehört, durch ein Pronomen, wandert dieses vor das Nomen, z. B.:

Die Schüler stellen sich an den Tischen auf. Anschließend sollen die Schüler die Kessel der Schüler säubern.

Die Schüler stellen sich an den Tischen auf. Anschließend sollen sie ihre Kessel säubern.

Adjektive

Information **Das Adjektiv** (das Eigenschaftswort; Plural: die Adjektive)

- Ein Adjektiv drückt aus, wie etwas ist. Mit Adjektiven können **Eigenschaften** von Lebewesen, Dingen, Gefühlen oder Vorgängen genauer beschrieben werden, z. B.: *der starke Wind, der schwache Wind.*
- Adjektive werden **kleingeschrieben**. Adjektive, die vor dem Nomen stehen, stehen in demselben Kasus, Numerus und Genus wie das Nomen, z. B.: *ein kalter Winter, ein heftiges Unwetter, die frischen Böen.*

1 **Markiere alle Adjektive im folgenden Text.**

Der Wetterfrosch

Ist ein kleiner, grüner Laubfrosch in der Lage, gutes oder schlechtes Wetter vorauszusagen? Hier ist die Antwort: In alten Zeiten wurden Frösche oft in durchsichtigen Glasbehältern gehalten, in denen eine kleine Leiter stand. Bei schönem Wetter stiegen die Frösche dann auf der schmalen Leiter nach oben. Auch in der freien Natur könnt ihr beobachten, dass Laubfrösche an herrlichen Sonnentagen an Pflanzen hochklettern. Die richtige Erklärung dafür ist aber nicht das freundliche Wetter an sich, sondern es sind die Beuteinsekten, die sich bei gutem Wetter weiter oben im Pflanzenbestand aufhalten. Die Frösche klettern also nach oben, um die leckeren Insekten zu verspeisen. Also sind eigentlich die Insekten die wahren Wetterfrösche! Für die Wettervorhersage gibt es heute bessere Methoden, sodass wir keine armen Frösche mehr in enge Einmachgläser sperren müssen. Außerdem stehen die süßen, kleinen Laubfrösche unter Naturschutz.

2 **Setze das angegebene Adjektiv und das Nomen im richtigen Kasus ein, z. B.:**

Immerhin kann man den winzigen Zwerg (winzig, Zwerg) noch mit bloßem Auge erkennen.

A In Peru haben Wissenschaftler ______________________ (neu, Froschart) entdeckt.

B ______________________ (klein, Winzling) passt bequem auf eine Fingerkuppe.

C Man kam ______________________ (zwergenhaft, Tier) durch sein Quaken auf die Spur.

D Die „Größe“ ______________________ (winzig, Frosch) beträgt gerade einmal 11,4 Millimeter.

3 **Schau dir die unterstrichenen Wörter genau an. Kreuze an, wenn es sich um ein Adjektiv handelt.**

Der Laubfrosch

Die Größe eines Laubfrosches beträgt 3 bis 4,5 cm, er wiegt selten mehr als 4 g. Damit gehört er zu den kleinen [ ] Fröschen in Deutschland. Der Laubfrosch hat eine glatte [ ], grasgrüne [ ] Haut, einen weißen [ ] Bauch und an den [ ] Seiten befindet sich jeweils ein dunkler [ ] Streifen. Die Laubfrösche sind gute [ ] Kletterer. Sie leben an einheimischen [ ] Waldrändern, in feuchten [ ] Wiesen oder an pflanzenreichen [ ] Teichen und ernähren sich von kleinen [ ] Insekten. In der freien [ ] Natur werden die Tiere kaum [ ] mehr als fünf Jahre alt.

Information **Die Steigerung der Adjektive**

Adjektive kann man steigern, z. B.: *kalt – kälter – am kältesten*. So kann man z. B. Dinge und Lebewesen miteinander vergleichen. Es gibt **drei Steigerungsstufen** (Vergleichsstufen):

Positiv (Grundform)	**Komparativ** (1. Steigerungsstufe)	**Superlativ** (2. Steigerungsstufe)
Der Waldfrosch ist groß.	*Der Teichfrosch ist größer.*	*Der Grasfrosch ist am größten.*

- **Vergleiche mit dem Positiv** werden mit *wie* gebildet, z. B.: *Der Springfrosch ist genauso groß wie der Waldfrosch.*
- **Vergleiche mit dem Komparativ** werden mit *als* gebildet, z. B.: *Der Seefrosch ist größer als der Teichfrosch.*

4 **Vergleiche die Angaben: Wer ist größer, wer schneller, wer wird älter? Schreibe zu jedem Paar einen Satz in dein Heft: Entscheide, ob du wie oder als verwenden musst.**

A | Goliathfrosch: Größe 40 cm | Ochsenfrosch: bis zu 20 cm

A Der Goliathfrosch ist größer als der Ochsenfrosch.

B | Laubfrosch: ca. 4 g | Blauer Pfeilgiftfrosch: ca. 4 g

C | Krallenfrosch: ca. 30 Jahre | Laubfrosch: ca. 4–5 Jahre

D | Blauer Pfeilgiftfrosch: 4 g | Goliathfrosch: bis zu 4 kg

E | Flugfrosch: Sprungweite 10 m | Ochsenfrosch: etwa 2 m

F | Wasserfrosch: ca. 4–5 Jahre | Laubfrosch: ca. 4–5 Jahre

5 **Formuliere mit Hilfe des Superlativs: Welcher Frosch von Aufgabe 4 steht jeweils auf Platz 1?**

Sprungweite: *Der Flugfrosch kann am weitesten springen.*

Alter: ______________________________

Größe: ______________________________

Gewicht: ______________________________

6 ●●● **Schreibe den folgenden Text in dein Heft und setze die Adjektive klein, groß oder stark passend ein.**

Der Frosch und der Ochse – eine Fabel

Ein Frosch sah auf einer Wiese einen Ochsen stehen. „Warum bin ich nicht wenigstens so ? wie der Ochse? Ich will von allen am ? sein", dachte der ? Frosch. „Aber wenn ich mich ordentlich aufblase, kann ich wohl so ? werden wie der Ochse!" Gesagt, getan, der ? Frosch begann sich aufzublähen, so ? er nur konnte. Dann rief er den anderen Fröschen zu: „Nun, bin ich jetzt so ? wie der Ochse?" „Nein, noch lange nicht, du bist noch viel, viel ?." Da blies er sich weiter auf und fragte wieder: „Und jetzt?" Die anderen Frösche lachten nur. „Euch werd ich es zeigen", schrie der Frosch erbost, mit aller Kraft blähte er sich noch ? auf, bis er schließlich platzte.

Präpositionen

Information **Die Präposition** (das Verhältniswort, Plural: die Präpositionen)

- Präpositionen wie *in, auf, über* drücken Verhältnisse und Beziehungen zwischen Gegenständen und Personen aus. Oft drücken sie ein **örtliches Verhältnis** (*unter dem Tisch*) oder ein **zeitliches Verhältnis** (*in dieser Woche*) aus. Sie können aber auch einen **Grund** angeben (*wegen der Bauchschmerzen*) oder die **Art und Weise** (*ohne viel Aufwand*) bezeichnen.
- Präpositionen sind **nicht flektierbar** (veränderbar). Die Präposition steht in der Regel vor einem Nomen (mit oder ohne Begleiter) oder einem Pronomen. Sie bestimmt den Kasus des nachfolgenden Wortes oder der nachfolgenden Wortgruppe, z. B.: *auf dem Dach, mit ihm, wegen des schlechten Wetters, bei dem Regen*.

1 **Beschreibe mit Hilfe von passenden Präpositionen und Nomen, wo sich die genannten Tiere befinden.**

Eine Katze liegt unter einem Baumstamm.

Eine Maus sitzt ______________________.

Die Füchse lagern ______________________.

Eine Eule hockt ______________________.

Eine Spinne krabbelt ______________________.

Ein Salamander ruht ______________________.

2 **Lies das Gedicht und streiche bei den unterstrichenen Präpositionen jeweils die beiden falschen durch.**

Wilhelm Busch

Fink und Frosch

~~An~~, ~~In~~, Auf leichten Schwingen frei und flink
Zum, Zur, Im Lindenwipfel flog der Fink
Und sang an, am, in dieser hohen Stelle
Sein Morgenlied so glockenhelle.

Ein Frosch, ein dicker, der in, am, im Grase
Auf, Am, Über Boden hockt, erhob die Nase,
Strich selbstgefällig seinen Bauch
Und denkt: Die Künste kann ich auch.

Alsbald ohne, mit, am rauen Stamm der Linde
Begann er, wenn auch nicht geschwinde,
Doch mit, auf, über Erfolg emporzusteigen,
Bis er zuletzt von Zweig zu Zweigen,
Wobei er freilich etwas keucht,
Den höchsten Wipfelpunkt erreicht
Und hier sein allerschönstes Quaken
Ertönen lässt in, an, aus vollen Backen.

Der Fink, dem dieser Wettgesang
Nicht recht gefällt, entfloh und schwang
Sich an, in, auf das steile Kirchendach.

Wart', rief der Frosch, ich komme nach.
Und richtig ist er fortgeflogen,
Das heißt, nach unten hin im Bogen,
Sodass er schnell und ohne, mit, am Säumen,
Mit, auf, über mehr als zwanzig Purzelbäumen,
Zur, an, über Erde kam mit lautem Quak,
Nicht ohne großes Unbehagen.

Er fiel zum Glück mit, auf seinen Magen,
Den dicken, weichen Futtersack,
Sonst hätt' er sicher sich verletzt.

Heil ihm! Er hat es durchgesetzt.

Verben

Information **Das Verb** (Tätigkeitswort, Plural: die Verben)

Mit Verben gibt man an, **was ist**, **was geschieht** oder **was jemand tut,** z. B.: *sein, zaubern*.
- Der **Infinitiv** (die Grundform) eines Verbs endet auf *-en* oder *-n*, z. B.: *schlumpf-en*.
- Wenn man ein Verb im Satz verwendet, bildet man die **Personalform des Verbs**. Das nennt man **konjugieren** (beugen). Die Personalform wird aus dem Infinitiv gebildet. An den Stamm des Verbs wird die passende Endung angehängt:

Singular		**Plural**	
1. Person	*ich schlumpf-e*	1. Person	*wir schlumpf-en*
2. Person	*du schlumpf-st*	2. Person	*ihr schlumpf-t*
3. Person	*er/sie/es schlumpf-t*	3. Person	*sie schlumpf-en*

1 **a** **Unterstreiche in jedem Satz das Wort oder die Wortgruppe, nach der sich die Personalform richtet.**
b **Setze die Infinitive in den Klammern in die richtige Personalform und schreibe sie in die Lücken.**

Die Schlümpfe und die Wettermaschine (1)

Sicher kennt (kennen) ihr alle das lustige Volk der Schlümpfe! Eines Tages in ihrem Dorf: Missmutig ________ (müssen) der Bastelschlumpf nach dem Aufstehen feststellen, dass es draußen schon wieder wie aus Eimern ________ (schütten). Auch die anderen Schlümpfe ________ (haben) schlechte Laune wegen des Wetters: „Verschlumpft, es schlumpft schon wieder." Der Bastelschlumpf ________ (denken) bei sich: „Jeder ________ (schlumpfen) über das Wetter, aber keiner schlumpft etwas dagegen. Jetzt ________ (schlumpfen) ich eine Maschine dagegen!" Gesagt, getan, gleich ________ (machen) sich der Bastelschlumpf an die Arbeit. Nachdem er alle Materialien gesammelt ________ (haben), ________ (setzen) er die Teile zusammen und nach vielen Stunden ermüdender Arbeit ist das Werk vollendet: „Jetzt ________ (können) ich die Maschine in Betrieb schlumpfen." Kurz darauf ________ (hören) man einen Jubelschrei im Dorf: „Hurra, sie schlumpft!" Aufgeregt ________ (eilen) die anderen Schlümpfe herbei und ________ (lassen) sich die neue Maschine vorführen. Alle sind ganz beeindruckt. Der große Schlumpf ordnet gleich an: „Zur Einweihung ________ (schlumpfen) du die Maschine auf ‚Schönwetter' und wir ________ (schlumpfen) ein Fest!"

Information **Der Imperativ** (Befehlsform des Verbs, Plural: die Imperative)

Die Befehls- oder Aufforderungsform eines Verbs nennt man Imperativ. Man kann eine Aufforderung an eine Person oder an mehrere Personen richten. Dementsprechend gibt es den Imperativ Singular (*Komm jetzt! – Lauf weg!*) und den Imperativ Plural (*Kommt jetzt! – Lauft weg!*).

- Der **Imperativ Singular** besteht aus dem Stamm des Verbs (*laufen* → *lauf!*), manchmal wird auch ein *-e* an den Stamm gehängt (*reden* → *rede!*) oder es ändert sich der Stammvokal von *e* zu *i* (*geben* → *gib!*).
- Der **Imperativ Plural** wird in der Regel gebildet, indem man an den Stamm des Verbs ein *-t* anfügt (*laufen* → *lauft!*).

2 **Bilde Imperative zu den folgenden Verben im Singular und im Plural.**

schreiben: schreib(e)! ____________ rechnen: ____________

waschen: ____________ bleiben: ____________

3 **Schlümpfe bevorzugen das Verb schlumpfen. Übersetze ihre Sprache in unsere Sprache: Wähle passende Verben aus und trage sie in der richtigen Personalform oder im Imperativ in die Lücken ein.**

halten | machen | brauchen | wünschen | laufen | schauen | stellen | ~~packen~~

schreiben | bewegen | verschwinden | gehen | vergessen

Die Schlümpfe und die Wettermaschine (2)

Der Große Schlumpf befiehlt: „*Schlumpft* (Packt) die Picknickkörbe und *verschlumpft* (____________) die Sonnenschirme nicht!“ Der Gärtner- und der Dichterschlumpf bleiben im Dorf zurück: „Ich *schlumpfe* (____________) ein Gedicht über die Sonne.“ Der Gärtnerschlumpf sorgt sich um seinen vertrocknenden Salat. Die Lösung ist schnell gefunden: „Ich *schlumpfe* (____________) die Maschine einfach auf Regen.“ Gesagt, getan: Es regnet. Der Dichterschlumpf tobt und stellt die Maschine jetzt auf ‚pralle Sonne‘! Erbost eilt der Gärtnerschlumpf herbei, ein Riesenstreit entbrennt: „Was *schlumpfst* (____________) du denn hier? *Verschlumpfe* (____________)! Mein Salat *schlumpft* (____________) Wasser!“ „*Schlumpf* (____________) den Mund. Ich *schlumpfe* (____________) mir Sonne, *schlumpf* (____________) ja nicht den Hebel!“ Beide Schlümpfe reißen an den Hebeln: In Blitzesschnelle wechseln Hagel, Schnee, Sturm und sengende Hitze einander ab. Auch auf dem Fest wird es recht ungemütlich, der Große Schlumpf befiehlt: „*Schlumpft* (____________) jetzt sofort ins Dorf zurück und *schlumpft* (____________), was da vor sich *schlumpft* (____________)!“ Die Wettermaschine wird zerstört. Und die Moral von der Geschicht': „Man muss das Wetter nehmen, wie es ist!“

Teste dich!

Wortarten

1 In jedem Vers ist ein Wort fett hervorgehoben. Kreuze an, um welche Wortart es sich handelt. (8 Punkte)

Oskar Stock

Der Regenschirm

		Nomen	Verb	Adjektiv	Präposition	Artikel	Pronomen
Erst neu gekauft, **in** Anthrazit,	A	☐	☐	☐	☐	☐	☐
nahm ich **ihn** zum Spaziergang mit,	B	☐	☐	☐	☐	☐	☐
aus gutem Tuch, mit **festem** Knauf	C	☐	☐	☐	☐	☐	☐
und einer **Spitze** obenauf.	D	☐	☐	☐	☐	☐	☐
So trug ich fest ihn in **der** Hand	E	☐	☐	☐	☐	☐	☐
und **schwenkte** ihn nach vorn galant,	F	☐	☐	☐	☐	☐	☐
ich spürte angenehm **sein** Holz	G	☐	☐	☐	☐	☐	☐
und war, so glaubt mir, **auf** ihn stolz.	H	☐	☐	☐	☐	☐	☐

2 Personalpronomen oder Possessivpronomen? Trage die unterstrichenen Wörter richtig ein. (4 Punkte)

Da zogen plötzlich Wolken auf,
das Schicksal nahm nun seinen Lauf;
denn es gab ein Funktionsproblem,
was mir fürwahr nicht angenehm.

Es hilft kein Schütteln und kein Schlag,
wenn alle Technik jäh versagt;
so ließ er schmählich mich im Stich:
Wir wurden nass, mein Schirm und ich.

Personalpronomen ______________________

Possessivpronomen ______________________

3 Kreuze an, um welche Verbform es sich handelt. (2 Punkte)

A einen Frosch im Hals haben — Imperativ Singular ☐ Infinitiv ☐ Imperativ Plural ☐

B Sei kein Frosch! — Imperativ Singular ☐ Infinitiv ☐ Imperativ Plural ☐

**4 Bei den folgenden Satzpaaren wurde im zweiten Satz *eine* Veränderung vorgenommen. (2 Punkte)
Finde heraus, ob diese Veränderung das Genus, den Numerus oder den Kasus betrifft.
Kreuze das entsprechende Kästchen an.**

A Ein Blitz schlägt in die alte Eiche ein.
Ein Blitz schlägt in der alten Eiche ein. — Genus ☐ Numerus ☐ Kasus ☐

B Vor lauter Schreck verschluckt Antonia ein Bonbon.
Vor lauter Schreck verschluckt Antonia einen Bonbon. — Genus ☐ Numerus ☐ Kasus ☐

Vergleiche deine Ergebnisse mit dem Lösungsheft. Für jede richtige Antwort bekommst du einen Punkt.

☺ 16–14 Punkte	😐 13–9 Punkte	☹ 8–0 Punkte
Gut gemacht!	Gar nicht schlecht, aber lies dir die Merkkästen auf den Seiten 38 bis 48 noch einmal genau durch.	Arbeite die Seiten 38 bis 48 noch einmal genau durch.

Die Tempora (Zeitformen) der Verben

Das Präsens

Information **Die Zeitform Präsens** (die Gegenwartsform)

Verben kann man in verschiedenen Zeitformen (Tempora; Sg.: das Tempus) verwenden, z. B. im Präsens, im Präteritum, im Futur. Die Tempora der Verben sagen uns, wann etwas passiert, z. B. in der Gegenwart, in der Vergangenheit oder in der Zukunft.

1 Das **Präsens** wird verwendet, wenn etwas in der **Gegenwart** (in diesem Augenblick) geschieht, z. B.: *Er schaut gerade in den Himmel.*
2 Im Präsens stehen auch **Aussagen, die immer gelten**, z. B.: *Die Planeten umkreisen die Sonne.*
3 Man kann das Präsens auch verwenden, **um etwas Zukünftiges auszudrücken**. Meist verwendet man dann eine Zeitangabe, die auf die Zukunft verweist, z. B.: *Morgen gehe ich zur Sternwarte.*

Das Präsens wird gebildet durch den Stamm des Verbs + Personalendung, z. B.: *ich schau-e, du schau-st ...*

1 **a Einige der unterstrichenen Verben stehen im Präsens: Markiere sie gelb.**
b Verbinde die Sterne in der Abbildung unten zu einem Sternbild: Folge dazu den Ziffern neben den Verben im Präsens jeweils von der kleineren zur höheren Zahl.

Wer hat die Sternbilder erfunden?

Vor ungefähr 5000 Jahren begannen 1 die Menschen an verschiedenen Orten der Erde mit der Beobachtung der Sterne. Wenn man nachts den Himmel betrachtet 2, verbinden 3 sich bestimmte Sterne vor dem eigenen Auge zu Mustern. Das sahen 4 schon damals Menschen in Südamerika, in Asien und in Nordafrika. Bestimmten Sternverbindungen gaben 5 sie Namen. Die ältesten Sternbilder, die wir heute noch verwenden 6, haben die Babylonier vor ungefähr 3500 Jahren festgelegt 7. Sie erfanden 8 zwölf Sternbilder, die sie den „Tierkreis“ nannten 9, obwohl nicht nur Tierbilder dazugehören 10. Es sind 11 die Sternzeichen wie Steinbock, Zwilling oder Wassermann, in die wir bis heute das Jahr einteilen 12. Du kennst 13 dein Sternzeichen sicher auch. Viele andere Sternbilder haben wir von den Griechen übernommen 14. Vor ungefähr 100 Jahren einigten 15 sich Gelehrte weltweit auf eine Liste von 88 gültigen Sternbildern.

2 **Trage die Verben in der Zeitform Präsens ein.**

nehmen	müssen	aufgehen	sein

Im Osten ______________ die Sonne ____________,

im Süden __________________________ sie ihren Lauf,

im Westen __________________________ sie untergehen,

im Norden __________________________ sie nie zu sehen.

Das Futur

Information **Die Zeitform Futur** (die Zukunftsform)

- Das Futur wird verwendet, um ein zukünftiges Geschehen auszudrücken, z. B.:
  Die Menschen werden auf dem Mond leben.
- Das Futur besteht aus zwei Teilen. Es wird gebildet durch die Personalform von *werden* im Präsens + Infinitiv des Verbs, z. B.: *Ich werde leben, du wirst leben …*

Im Jahre 2340 lebt ein großer Teil der Menschheit schon seit Generationen auf dem Mond. Reisen zur alten Heimat der Menschen, zur Erde, stellen eine besondere Attraktion dar. Ein Erdreisender freut sich auf den Start und überlegt, was auf ihn zukommen wird.

3 a **Prüfe für jeden Satz, ob die Zeitform Futur enthalten ist: ja oder nein? Folge dem Pfeil mit der richtigen Antwort.**
b **Markiere, wo das Futur vorhanden ist, die vollständige Zeitform.**

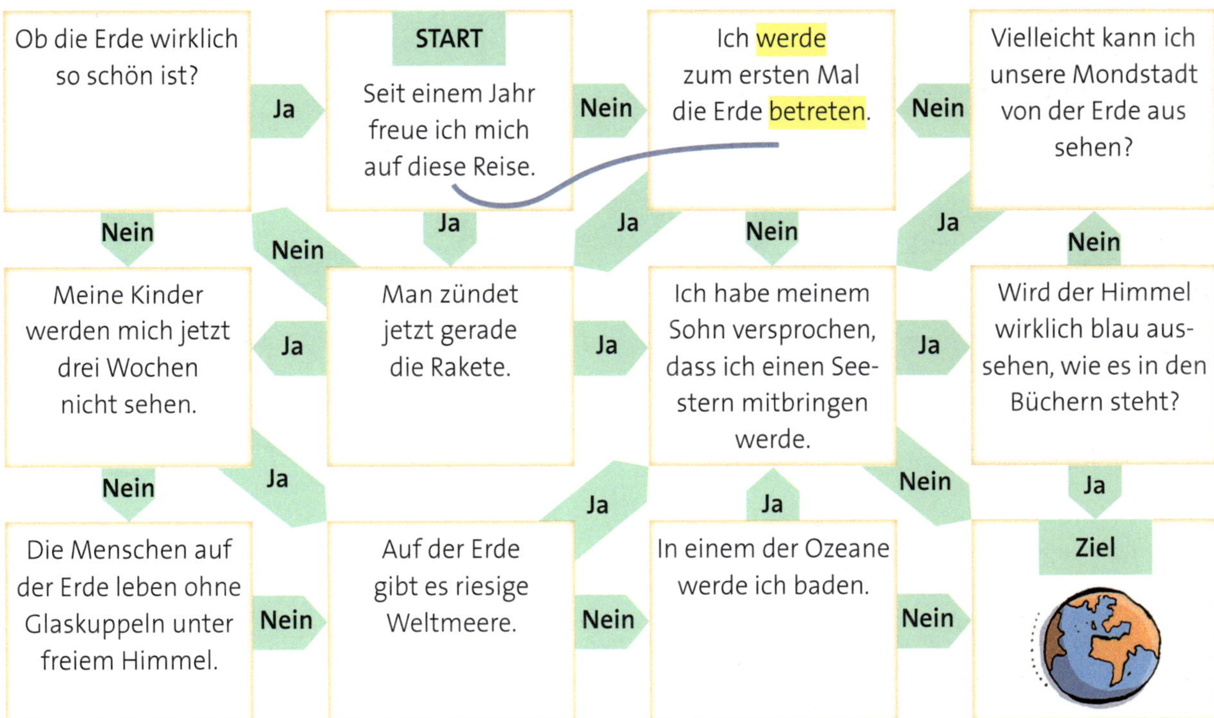

4 ●●● a **Lies die folgenden Sprechblasen: Was erzählt der Erdreisende?**
b **Seine Tochter will nun auch zum Blauen Planeten reisen und all das anschauen, was der Vater gesehen hat. Formuliere ihre Pläne im Heft in der Zeitform Futur aus.**

Nachts hat der helle Schein unseres Mondes auf der Wasseroberfläche gefunkelt.

Beim Schnorcheln habe ich große Fischschwärme und sogar einen Rochen entdeckt.

Im farbigen Licht des Sonnenuntergangs habe ich am Strand gesessen.

Ich bin in türkisblauem Wasser geschwommen und das Meer hat meterhohe Wellen geschlagen.

Wenn ich zur Erde reise, werde ich auch …

Das Perfekt

Information | **Die Zeitform Perfekt**

Wenn man **mündlich** von etwas Vergangenem erzählt oder berichtet, verwendet man häufig das **Perfekt**, z. B.: *Ich habe schlecht geschlafen. Der Mond ist aufgegangen.*

- Das Perfekt ist eine **zusammengesetzte Vergangenheitsform**, weil es mit einer **Form von *haben* oder *sein* im Präsens** (z. B. *hast, sind*) **+ Partizip II** des Verbs (*gesehen, aufgebrochen*) gebildet wird.
- Das Partizip II beginnt meist mit *ge-*, z. B.: *fallen → gefallen; staunen → gestaunt.* Wenn das Verb schon eine Vorsilbe hat (*ge-, be-* oder *ver-*), bekommt das Partizip II keine mehr, z. B. *gestehen → gestanden; beschützen → beschützt; verraten → verraten.*

1 **Die Bilder zeigen ein Erlebnis von Johannes. Er erzählt es seinen Eltern, die ihn nachts im Gebüsch finden. Bringe Johannes' Erlebnisse in die richtige Reihenfolge, indem du sie nummerierst.**

2 **Schreibe das Erlebnis in wörtlicher Rede auf. Verwende die angebotenen Wörter und Wortgruppen und achte auf die richtige Zeitform. Schreibe in dein Heft. Beginne so:**

Johannes erzählt: „Ich habe lange in meinem Bett wach gelegen, weil der Mond …

wach liegen	um Hilfe rufen	Mondkrater genau erkennen	Gleichgewicht verlieren	
am Schlafanzug packen	versuchen zurückzuziehen	auf Fensterbrett klettern	erschrecken	
aus Fenster schauen	ins Gebüsch fallen	aufstehen	besser sehen	Vollmond
Hund nicht bemerken	Fernglas holen			

3 ●●● **Wie weit lassen sich die Personalform und das Partizip II des Verbs voneinander trennen? Erweitere den Satz so, dass die Prädikatsklammer (▸ S. 59) möglichst viele Informationen umschließt.**

Ich bin geklettert. Ich bin nachts geklettert.

Ich bin nachts ____ geklettert.

Das Präteritum

Information **Die Zeitform Präteritum**

Das **Präteritum** ist eine einfache **Zeitform der Vergangenheit**. Diese Zeitform wird vor allem in schriftlichen Erzählungen und Berichten verwendet, z. B.: *Als es dunkel wurde, funkelten die Sterne am Himmel. Lea trat ins Freie und stellte ihr Teleskop auf.* Das Präteritum wird unterschiedlich gebildet. Man unterscheidet:
- **regelmäßige** (schwache) **Verben:** Bei den regelmäßigen Verben ändert sich der Vokal (*a, e, i, o, u*) im Verbstamm im Präteritum nicht, z. B.: *ich lande* (Präsens) → *ich landete* (Präteritum);
- **unregelmäßige** (starke) **Verben**: Bei den unregelmäßigen Verben ändert sich im Präteritum der Vokal im Verbstamm, z. B.: *ich fliege* (Präsens) → *ich flog* (Präteritum); *ich laufe* (Präsens) → *ich lief* (Präteritum).

4 **Ergänze die fehlenden Verbformen.**

Infinitiv	Präsens	Präteritum
reisen	*ich reise*	*ich reiste*
	du nimmst	
aufgehen	*er/sie/es*	
	wir begreifen	
	ihr	*ihr beobachtetet*
	sie schweigen	

5 **Setze für die Verben in Klammern die Verbformen im Präteritum ein.**

Die erste Mondlandung

Als erster Mensch ______________ (betreten) am 20. Juli 1969 der amerikanische Astronaut Neil Armstrong den Mond und ______________ (sagen) beim Betreten der Mondoberfläche den berühmten Satz: „Das ist ein kleiner Schritt für einen Menschen, aber ein großer für die Menschheit." Am 16. Juli 1969 ______________ (starten) die Rakete der Mission „Apollo 11" von Cape Canaveral in Florida und ______________ (benötigen) drei Tage, um die Mondumlaufbahn zu erreichen. Der Flug ______________ (verlaufen) ohne Probleme. Die Astronauten ______________ (wechseln) in eine kleinere Mondlandefähre, die den Namen „Eagle" (englisch für „Adler") ______________ (tragen). Am 20. Juli 1969 um 20:17:58 Uhr ______________ (melden) Neil Armstrong per Funkspruch: „The Eagle has landed!"

6 **Hier sind die Beschreibungen von vier Sternbildern durcheinandergeraten.**
Die Sätze stehen in vier verschiedenen Zeitformen: Präsens, Futur, Perfekt und Präteritum.

a Wähle vier Farben und unterstreiche alle Sätze, die dieselbe Zeitform haben, mit derselben Farbe.

Wirrwarr am Sternenhimmel?

Das Sternbild Skorpion erkennt man an seinen zwei Scheren und dem lang gezogenen Schwanz. Lea mochte als Kind ihr Sternzeichen nicht besonders. Die himmlischen Tiere gefielen ihr besser. Die Jungfrau am Himmel hat die Menschen immer fasziniert. Ihr Sternbild war nicht im Gleichgewicht. Der hellste Stern in diesem Tierkreiszeichen heißt Antares und ist 600 Lichtjahre von uns entfernt. Am Winterhimmel wird man das Sternbild Stier entdecken. Sie haben ihren hellsten Stern Spica, das heißt Kornähre, genannt. Das Licht dieses Sterns leuchtet rötlich. Im Sternbild Stier wird die gut sichtbare Sternengruppe der Plejaden erscheinen. Sie wird wie eine kleine Silberwolke, aufgespießt auf einem Horn des Stieres, aussehen. Das Sternbild hat zum Zeitpunkt der Ernte am Himmel geleuchtet. In der einen Waagschale lagen zwei, in der anderen dagegen lag ein Stern. Der hellste Stern im Stier, der Aldebaran, wird nicht zu übersehen sein. Zudem gehören noch 17 weitere Sterne zu diesem Sternbild. Früher wanderte die Sonne vom 24. September bis zum 23. Oktober durch das Sternbild der Waage. Das Kornmädchen hat seinen Platz zwischen dem Löwen und der Waage gefunden. Sogar einen Stachel besitzt das astronomische Krabbeltier. Wenn er einmal erloschen sein wird, dann werden wir sein Licht noch 68 Jahre sehen. Das weibliche Sternzeichen haben auch Jungen erhalten, die zwischen dem 24. August und dem 23. September zur Welt gekommen sind.

b Nun kannst du erkennen: Die Sätze einer Zeitform beschreiben jeweils ein Sternbild im Tierkreis.
Notiere zu jedem Sternbild das Tempus, in dem es beschrieben wird.

Skorpion: ____________________ Stier: ____________________

Jungfrau: ____________________ Waage: ____________________

●●● **c Hast du den Durchblick im himmlischen Wirrwarr? Welches Sternzeichen hat Lea? Notiere.**

Leas Sternbild ist ______________________________.

Das Plusquamperfekt

Information **Die Zeitform Plusquamperfekt**

– Wenn etwas vor dem passiert, wovon im Präteritum oder im Perfekt erzählt wird, verwendet man das Plusquamperfekt. Das Plusquamperfekt wird deshalb auch **Vorvergangenheit** genannt, z. B.
(zuerst geschehen) (danach geschehen)
Nachdem sie das Gestein untersucht hatten, schätzten sie das Alter des Gebirges ein.

– Das Plusquamperfekt ist wie das Perfekt (▶ S. 52) eine **zusammengesetzte Vergangenheitsform**, weil es mit **einer Form von *haben* oder *sein* im Präteritum** (z. B. *hatte, war*) **+ Partizip II des Verbs** (z. B. *gesehen, erloschen*) gebildet wird.

TIPP: Die Konjunktion *nachdem* leitet oft einen Satz im Plusquamperfekt ein.

7 **Schreibe den folgenden Text in dein Heft ab: Setze jedes Verb in der richtigen Zeitform ein.**

Nachdem ein winziger Punkt im Nirgendwo begonnen hatte (beginnen), sich plötzlich auszudehnen, (entstehen) das Universum. Bevor dann aber die ersten Sterne als verdichtete Gase (leuchten), (kochen) das Universum wie eine heiße Suppe vor sich hin. Nachdem diese ersten Sterne (ausbrennen), (schleudern) sie kleinere Teile ins Weltall. Aus diesen Sternresten (bilden) sich stabilere Sterne. So (entstehen) auch unsere Sonne.

8 **Stell dir vor, ein Mensch im Jahr 2500 schreibt über die Entwicklung der Welt nach 2000.**

●●●

a Welche zwei der folgenden Sätze gehören jeweils zusammen? Gib ihnen denselben Buchstaben.

b Was war zuerst, was schließt an? Verbinde die beiden Sätze jeweils so, dass die zeitliche Reihenfolge deutlich wird. Schreibe sie ins Heft und verwende die Konjunktion nachdem für den Satz, der aussagt, was zuerst geschah.

☐ Die Menschen ließen sich von Navigationssystemen leiten.

A Es gab die Möglichkeit, mit Menschen auf der ganzen Welt schnell in Kontakt zu treten.

☐ Viele Tierarten waren bereits ausgestorben.

☐ Es wurden ausreichend Satelliten ins All geschickt.

A Weltweit wurde das Internet eingeführt.

☐ Kirchen wurden teilweise in Kletterhallen umfunktioniert.

☐ Es wurden Regelungen zum Artenschutz entwickelt.

☐ Viele Europäer traten aus der Kirche aus.

A Nachdem das Internet weltweit eingeführt worden war, gab es die Möglichkeit, mit Menschen auf der ganzen Welt schnell in Kontakt zu treten.

Teste dich!

Die Tempora (Zeitformen) der Verben

1 **Im folgenden Text sind einige Verbformen fett gedruckt. Bestimme das Tempus und trage es ein. (11 Punkte)**

Mars – der rote Planet

Lange Zeit **nahmen** die Menschen **an** (______________), dass auf dem Mars hochentwickelte Bewohner **existieren** (______________). Noch bis vor Kurzem **glaubte** (______________) man, auf seiner Oberfläche eine riesige Skulptur, das „Marsgesicht", zu erkennen. Seit 2001 **wissen** (______________) wir durch Aufnahmen der Marssonde „Mars Global Surveyor", dass nur ein Berg die Fantasien **beflügelt hat** (______________). Die Erforschung unseres Nachbarplaneten **hat** interessante Einzelheiten **erbracht** (______________): Auch auf dem Mars **gibt** (______________) es Jahreszeiten. Das **wussten** (______________) Astronomen bereits, weil sie dort vereiste Polkappen **beobachtet hatten** (______________), die im Mars-Sommer fast **wegtauen** (______________). Der rote Planet ist in Wahrheit ein „rostiger Planet", denn ihn **bedeckt** (______________) rötlicher Eisenoxid-Staub.

2 **Der abgedruckte Witz enthält vier falsche Tempusformen. Streiche sie durch und schreibe die richtige Form über die Zeile. (8 Punkte)**

VORSICHT FEHLER!

Drei Astronauten, ein Russe, ein Amerikaner und ein Deutscher, streiten, welches die größte Weltraumnation sei. Der Russe gibt an: „Wir sind die Besten! Wir seiten die Ersten im Weltall überhaupt!" Der Amerikaner entgegnet: „Nein! Wir sind die Besten. Wir waren die Ersten, die Menschen zum Mond bringten!" Der Deutsche widerspricht: „Nein, meine Herren! Wir werden die Besten sein. Wir sind die Ersten gewesen, die zur Sonne fliegen!" Die anderen: „Aber ..., aber das geht nicht! Die Sonne ist zu heiß!" Der Deutsche: „Das hatten wir berücksichtigt. Wir werden nachts fliegen ..."

Vergleiche deine Ergebnisse mit dem Lösungsheft. Für jede richtige Antwort bekommst du einen Punkt.

☺ 19–15 Punkte	☺ 14–10 Punkte	☹ 9–0 Punkte
Gut gemacht!	Gar nicht schlecht, aber lies dir die Merkkästen auf den Seiten 50 bis 55 noch einmal genau durch.	Arbeite die Seiten 50 bis 55 noch einmal genau durch.

Satzglieder erkennen – Die Umstellprobe

Information **Satzglieder**

- **Ein Satz besteht aus verschiedenen Satzgliedern.** Diese Satzglieder können aus einem einzelnen Wort oder aus mehreren Wörtern (einer Wortgruppe) bestehen.
- Mit der **Umstellprobe** kannst du feststellen, wie viele Satzglieder ein Satz hat. Wörter und Wortgruppen, die beim Umstellen immer zusammenbleiben, bilden ein Satzglied, z. B.:

Jeder Satz *hat* *verschiedene Satzglieder.*

Verschiedene Satzglieder *hat* *jeder Satz.*

1 **Der Computer hat in den folgenden Sätzen die Wörter einfach nach ihrer Länge sortiert.**

a **Ordne die Wörter so, dass ein sinnvoller Aussagesatz entsteht.**

b **Finde mehrere Möglichkeiten, wie man den Satz umstellen kann, ohne dass er seinen Sinn verändert. Schreibe sie auf.**
Tipp: Bilde keinen Fragesatz.

c **Umkreise die einzelnen Satzglieder mit unterschiedlichen Farben.**

1. Satz: zu – Fest – viele – einem – Kinder – reisen – internationalen

2. Satz: sie – beim – von – Fest – ihren – erzählen – Schätzen – begeistert

1. Satz: ______________________

____

____

2. Satz: ______________________

____

____

____

____

2 ●●● **a** **Welche Satzglieder dürfen in den Sätzen auf keinen Fall fehlen? Schreibe sie auf, nachdem du die Weglassprobe (▸ S. 64) durchgeführt hast.**

1. Satz: viele Kinder, ______________________

2. Satz: ______________________

b **Bestimme diese Satzglieder. Notiere.**

______________________.

3 **Welcher Satz gehört in welche Reihe? In jeden Kasten gehört ein Satzglied. Schreibe die Sätze in die passende Reihe. Die Anzahl der Satzglieder findest du mit Hilfe der Umstellprobe heraus.**

A Ahmed kommt aus Ägypten.

B Dieses Kind wohnt seit seiner Geburt am Nil.

C Seit Langem begeistert der Nil Ahmed besonders.

Mit Hilfe der Umstellprobe kannst du deine **Satzanfänge abwechslungsreich** gestalten.
- Achte darauf, dass die Informationen, die du hervorheben möchtest, vorn stehen.
- Lies den Satz am Schluss noch einmal: Er muss verständlich sein.

4 a **Überarbeite Ahmeds Text mit Hilfe der Umstellprobe so, dass die Satzanfänge abwechslungsreicher sind. Beachte: Nicht alle Sätze müssen umgestellt werden, um Abwechslung zu erzeugen.**

Der Nil ist unser größter Schatz. (Hebe hier den „Schatz" hervor.)

Er ist der längste Fluss der Welt.

Der Nil macht aus der Wüste fruchtbaren Boden.

Er durchzieht das Land wie ein grünes Band.

Fast alle Menschen leben in der Nähe dieses großartigen Flusses.

Der Nil hat früher auch die Arbeit der Bauern bestimmt.

Die Bauern konnten während der Überschwemmung des Nils nicht arbeiten.

b **Lies deine überarbeiteten Sätze noch einmal im Zusammenhang: Sind die Satzanfänge abwechslungsreich und ist der Text verständlich?**

Satzglieder bestimmen – Das Prädikat als Satzkern

Information **Satzglieder: Das Prädikat** (Pl.: die Prädikate)

Der **Kern des Satzes** ist das Prädikat (Satzaussage). Prädikate werden durch **Verben** gebildet.
In einem Aussagesatz steht die **Personalform** des Verbs (der gebeugte Teil) immer **an zweiter Satzgliedstelle**, z. B.: *Elefanten vertilgen täglich bis zu 400 Kilogramm Pflanzennahrung.*
Fast zwei Jahre dauert eine Elefantenschwangerschaft.

1 **Für Aziza aus Kenia steht fest, dass der wunderbarste Schatz ihrer Heimat die Elefanten sind.**

a Umrahme in den folgenden Sätzen die Satzglieder.

b Markiere die Prädikate rot.

Elefanten atmen durch den Rüssel. Zum Trinken saugen sie Wasser in den Rüssel. Dann spritzen die Tiere das Wasser in ihr Maul. Kein Elefant trinkt durch seinen Rüssel. Das auffällige Körperteil dient auch zum Riechen und Tasten. Nun weißt du einiges über die besondere Elefantennase.

Ein Prädikat kann aus mehreren Teilen bestehen. **Mehrteilige Prädikate** bilden eine **Prädikatsklammer**, z. B.:

– bei mehrteiligen Verben, z. B.: *abgeben* → *Über die Ohren geben Elefanten Wärme ab.*

– bei zusammengesetzten Zeitformen, z. B. beim Perfekt: *Bisher hat der Afrikanische Elefant überlebt.*

2 **Aziza hat Stichworte für einen Vortrag notiert.**

a Formuliere aus den folgenden Notizen einen zusammenhängenden Text und vervollständige dazu die Sätze. Schreibe den Text in dein Heft.

b Unterstreiche in deinem Text das Prädikat rot: Mache Prädikatsklammern mit einer Klammer deutlich.

Afrikanischer Elefant
- *kein größeres lebendes Landsäugetier als Afrikanischer Elefant bekannt*
- *durch Wilderei und Zerstörung des Lebensraumes aus großen Teilen Afrikas verschwunden*
- *vor 30 Jahren das Aussterben der Art für 2010 vorhergesagt*
- *dank Einrichtung von Nationalparks Elefantenbestand erfreulich zugenommen*
- *in der Nähe von Nairobi sogar Elefanten-Waisenhaus vorhanden*
- *Elefantenkälber dort auf das Leben in der Wildnis vorbereitet*

Satzglieder erfragen – Das Subjekt

Information **Satzglieder: Das Subjekt** (Pl.: die Subjekte)

Frageprobe: Um die Satzglieder in einem Satz zu bestimmen, stellst du vom Prädikat aus Fragen.
Das Satzglied, das in einem Satz angibt, wer oder was etwas tut, veranlasst, handelt, heißt Subjekt (Satzgegenstand), z. B.: *Auf einem internationalen Fest erzählen Kinder von heimatlichen Schätzen.*
Du kannst das **Subjekt** mit der **Frage Wer ...?** oder **Was ...?** ermitteln, z. B.:
Kinder erzählen von den Schätzen ihrer Heimat. → Wer oder was erzählt von Schätzen?

- Das Subjekt eines Satzes kann aus einem oder aus mehreren Wörtern bestehen, z. B.: *Das zweitägige Fest lockt eine Menge Gäste an.* → Wer oder was lockt eine Menge Gäste an?
- Das **Subjekt** eines Satzes **steht immer im Nominativ** (1. Fall, ▸ S. 53).
- Subjekt und Prädikat sind eng miteinander verbunden. Sie stimmen in Person und Numerus überein.

1 **Die Subjekte in diesen Sätzen sind durcheinandergeraten. Ordne sie richtig zu: Frage nach dem Subjekt und schreibe die richtige Antwort in Stichworten auf.**

Felsbecken mit Wasser erzählen den Kindern vom heiligen Berg Uluru.

Wer oder was erzählt den Kindern vom heiligen Berg Uluru? ? *Julia und John aus Australien*

Um den Uluru ranken sich Touristen.

_______________ ? _______________

In diesen Geschichten werden die Ureinwohner erklärt.

_______________ ? _______________

Zu den heiligen Plätzen am Uluru zählen Julia und John aus Australien. ✔

_______________ ? _______________

Viele Geschichten dürfen die heiligen Orte nicht sehen.

_______________ ? _______________

Aussehen und Entstehung des Berges erlauben den Besuchern den Aufstieg zum Gipfel.

_______________ ? _______________

2 **Unterstreiche in diesen Sätzen das Subjekt grün und das Prädikat rot. Bestimme und notiere Person und Numerus: Prüfe, ob sie übereinstimmen.**

Felsenzeichnungen in den Höhlen des Uluru zeigen Riesenkängurus. _______________

Im Laufe von Jahrtausenden verblasste die Farbe. _______________

Heute bewahren wir die Bilder mit Hilfe von Computertechnik auf. _______________

Satzglieder erfragen – Akkusativ- und Dativobjekte

Information **Satzglieder: Die Objekte**

Ein Satz (z. B.: *Die Kinder fischen.*) kann durch weitere Satzglieder, z. B. durch Objekte, erweitert werden.
- **Akkusativobjekt** heißt das Objekt, das im Akkusativ steht. Du ermittelst es mit der **Frage: Wen...?** oder **Was ...?**, z. B.: *Die Kinder fischen einen dicken Karpfen.* → Wen oder was fischen die Kinder?
- **Dativobjekt** heißt das Objekt, das im Dativ steht. Du ermittelst es mit der **Frage: Wem...?**, z. B.: *Die Kinder fischen dem Lehrer einen dicken Karpfen.* → Wem fischen die Kinder einen dicken Karpfen?

Objekte können aus einem oder aus mehreren Wörtern bestehen.

1 a **Erfrage für jeden Satz das Dativobjekt und das Akkusativobjekt. Notiere die Frage und das Objekt.**
b **Unterstreiche im Satz das Dativobjekt blau und das Akkusativobjekt gelb.**

Guo Shuang erzählt den anderen Kindern eine spannende Geschichte.

Wem erzählt Guo Shuang etwas? ____________________

____

____

In China baute ein Lehrer den Fischerkindern am Hongze-See ein Schulschiff.

____

____

____

2 **Die eingerahmten Wörter müssen einmal als Dativobjekt und einmal als Akkusativobjekt eingesetzt werden. Kennzeichne den Pfeil jeweils durch D für Dativobjekt oder A für Akkusativobjekt. Beachte, dass sich die Artikel und die Endungen der Nomen nach dem Kasus richten.**

die Familien
- [*D*] Ein Lehrer baut *den Familien* ______ aus einem alten Schiff eine Schule.
- [ ] Er lädt ____________ in die neue Schule ein.

die Schüler
- [ ] Fischerboote bringen ____________ zum Schulschiff.
- [ ] Ein Koch liefert ____________ mit seinem Ruderboot das Mittagessen.

die Kinder
- [ ] Das leichte Schaukeln gefällt ____________ .
- [ ] Beim Schreiben stört es ____________ allerdings ein bisschen.

der Lehrer
- [ ] Die Schüler sind ____________ dankbar für ihr Schulschiff.
- [ ] Aber sie fürchten ____________ auch, weil er sehr streng ist.

Genaue Angaben machen – Adverbiale Bestimmungen

Information **Satzglieder: Adverbiale Bestimmungen** (auch Adverbialien)

- Adverbiale Bestimmungen (Umstandsbestimmungen) sind Satzglieder, die man mit den Fragen **Wann …?, Wo …?, Warum …?, Wie …?** ermittelt.
- Sie liefern **zusätzliche Informationen** über den Ort, die Zeit, den Grund oder die Art und Weise.
- Adverbiale Bestimmungen können aus einem oder aus mehreren Wörtern bestehen.

Frageprobe	Satzglied	Beispiel
Wann? Wie lange? Seit wann?	**adverbiale Bestimmung der Zeit**	*Wann erzählt Esta von den Schätzen ihres Landes?* *Esta erzählt während eines internationalen Treffens von den Schätzen ihres Landes.*
Wo? Wohin? Woher?	**adverbiale Bestimmung des Ortes**	*Wo liegt Kenia?* *Kenia liegt im Osten Afrikas.*
Warum? Weshalb?	**adverbiale Bestimmung des Grundes**	*Warum erzählt Esta von den Tieren ihres Landes?* *Wegen ihrer Begeisterung erzählt sie von ihnen.*
Wie? Womit? Auf welche Weise?	**adverbiale Bestimmung der Art und Weise**	*Wie erfahren die Kinder von den Tieren Kenias?* *Durch Estas Erzählung erfahren sie von den Tieren.*

1 **Bestimme die unterstrichenen adverbialen Bestimmungen:**
Wende die Frageprobe an und trage die Nummern passend in die Tabelle ein.

Esta kommt aus Kenia 1. Sie erzählt: „Für mich sind die Tiere der größte Schatz in meinem Land. All die Tiere, die in den meisten Ländern nur im Zoo 2 zu sehen sind, leben bei uns frei in der Wildnis. Besonders beeindruckend finde ich die Elefanten. Mein Vater ist Pfleger in einem Waisenhaus für Elefanten-Babys, die ihre Mutter aus verschiedensten Gründen 3 verloren haben. Die kleinen Elefanten leben hier gut behütet 4, bekommen Milchbrei und wollen spielen wie kleine Kinder 5. In der Nacht 6 brauchen sie besonders viel Körperkontakt. Deshalb schläft bei jedem Elefantenjungen ein Pfleger. Nach einiger Zeit 7 werden die Elefanten wieder zurück in die Savanne 8 gebracht. Als Jugendliche können sie wieder mit den anderen wilden Elefanten leben. Ihre Pfleger erkennen sie aber aufgrund ihres guten Gedächtnisses 9 auch in der Savanne noch wieder."

Adverbiale Bestimmung	Frageprobe
adverbiale Bestimmung der Zeit	
adverbiale Bestimmung des Ortes	1 Woher kommt Esta?
adverbiale Bestimmung des Grundes	
adverbiale Bestimmung der Art und Weise	

2 ●●● **Bestimme die nummerierten adverbialen Bestimmungen im nachfolgenden Text. Wähle die richtige Farbe aus und male den linken Flügel entsprechend aus. Gestalte den rechten Flügel seitengleich.**

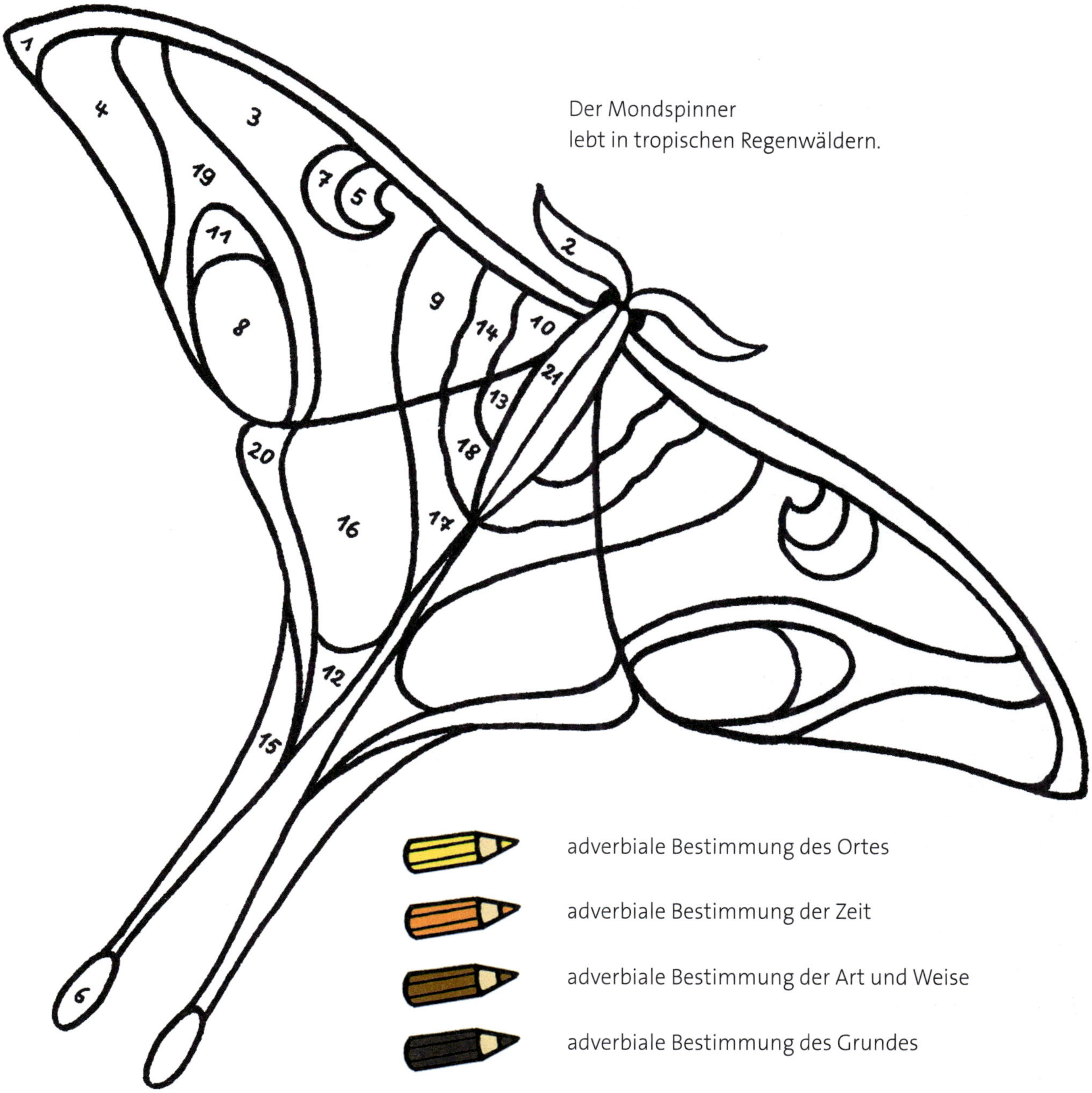

Der Mondspinner lebt in tropischen Regenwäldern.

adverbiale Bestimmung des Ortes

adverbiale Bestimmung der Zeit

adverbiale Bestimmung der Art und Weise

adverbiale Bestimmung des Grundes

Mit klopfendem Herzen (1) steht Susilo **vor den vielen Kindern aus aller Welt** (2). Susilos Familie lebt **auf der Insel Sumatra** (3). Die überwältigenden Regenwälder Sumatras sind **in der ganzen Welt** (4) berühmt.

Susilo berichtet: „**Wegen seines Reichtums an Tieren und Pflanzen** (5) ist der Regenwald eine Schatztruhe der Natur. **In den Wäldern Sumatras** (6) könnt ihr den Nashornvogel, Schabrackentapire, Tiger und Orang-Utans entdecken. **Mit Glück** (7) sichtet ihr außergewöhnliche Schmetterlinge wie den Mondspinner oder die Pflanze mit dem größten Blütenstand der Welt, den Titanenwurz.

In einem unberührten Regenwald (8) stehen Bäume und Pflanzen **so dicht** (9), dass kaum Licht **bis auf den Boden** (10) kommt. **Aufgrund der dichten Baumkronen** (11) sieht der Wald von oben aus wie ein riesiges grünes Meer. **Das ganze Jahr über** (12) tragen die Laubbäume ihre Blätter. **In diesem Baumkronendach** (13) halten sich die Orang-Utans, meine Lieblingstiere, **die meiste Zeit** (14) auf. **Wegen ihrer langen Arme** (15) können sie sich **auf dem Boden** (16) **nur unbeholfen** (17) fortbewegen. **Jetzt** (18) versteht ihr, warum diese „Waldmenschen“ **besonders stark** (19) auf einen Regenwald mit dichtem Baumbestand angewiesen sind. Deshalb müssen wir uns **mit aller Kraft** (20) für den Erhalt des Regenwaldes einsetzen!“

Am Ende von Susilos Vortrag (21) reagieren die Kinder mit großem Applaus.

Texte überarbeiten mit Hilfe von Proben

Information | **Texte überarbeiten**

Um einen Text so zu überarbeiten, dass er besser zu verstehen ist, sind die vier Proben hilfreich:

1 **Umstellprobe: Satzanfänge abwechslungsreich gestalten**
Durch die Umstellprobe kannst du deine Texte abwechslungsreicher gestalten.
Stelle z. B. die Satzglieder so um, dass die Satzanfänge nicht immer gleich sind, z. B.:
Sie müssen ihre Vorträge überarbeiten. Sie treffen sich dafür am Ende noch einmal. →
Sie müssen ihre Vorträge überarbeiten. Dafür treffen sie sich am Ende noch einmal.

2 **Ersatzprobe: Wortwiederholungen vermeiden**
Mit der Ersatzprobe kannst du Satzglieder, die sich häufig wiederholen, durch andere Wörter ersetzen, z. B.: *Die Erzählungen der Kinder sollen in einem Buch zusammengefasst werden. So können auch andere Kinder ~~von den Erzählungen der Kinder~~ (davon) erfahren. ~~Die Erzählungen der Kinder~~ (Sie) interessieren viele.*

3 **Weglassprobe: Texte straffen, Wiederholungen vermeiden**
Mit der Weglassprobe kannst du prüfen, welche Wörter gestrichen werden sollten, weil sie überflüssig sind oder umständlich klingen, z. B.: *Alle Kinder ~~zusammen~~ sprachen ~~gemeinsam~~ über ihre Länder.*

4 **Erweiterungsprobe: Genau und anschaulich schreiben**
Mit der Erweiterungsprobe kannst du prüfen, ob eine Aussage genau genug oder anschaulich genug ist oder ob du noch etwas ergänzen solltest, z. B.: *Juanita aus Brasilien will ihren Bericht überarbeiten.* →
Juanita aus Brasilien will ihren Bericht mit dem Rechtschreibprogramm überarbeiten.

1 **Überarbeite Juanitas Bericht, indem du die Ersatzprobe oder die Weglassprobe anwendest:**
a Markiere im Text Wiederholungen.
b Entscheide, ob du die Wiederholung einfach weglassen kannst: Streiche sie dann durch.
c Schreibe den verbesserten Text in dein Heft: Ersetze dabei markierte Wörter, die du nicht durchgestrichen hast, durch andere Wörter.

VORSICHT FEHLER!

Gummi – Ein Schatz Brasiliens

In Brasilien gibt es viele Schätze. ~~In Brasilien~~ Dort gibt es auch den Kautschukbaum. Ohne den Kautschukbaum gäbe es keine Autoreifen. Kautschuk ist ein anderes Wort für Gummi. Es kommt aus dem Indianischen und bedeutet übersetzt „Baumtränen". Die Kautschukbauern ritzen mit einem Messer die Rinde an und fangen die weiße Flüssigkeit mit einem Schälchen auf. Damit aus der weißen Flüssigkeit das Gummi herauskommt, muss man ein wenig Säure in die weiße Flüssigkeit geben. Dadurch gerinnt die Flüssigkeit und das Gummi kann in Brocken herausgenommen werden. Die Brocken werden dann zu dünnen Lappen ausgewalzt oder zu dicken Blöcken gepresst. Die Lappen werden getrocknet und die Blöcke werden getrocknet. So ist der Kautschuk zwar schon dehnbar und stabil, er ist aber noch nicht sehr haltbar. Deshalb wird der Kautschuk vulkanisiert, das heißt, der Kautschuk wird mit Schwefel erhitzt. Obwohl es heutzutage viele künstliche Materialien gibt, die auch dehnbar und doch stabil sind, wird das Gummi aus den Bäumen immer noch gebraucht.

2 **In vielen Texten wird das Wort dann zu oft wiederholt.**
Sammle möglichst viele Varianten, mit denen man es ersetzen kann.

anschließend,

3 **Überarbeite die Sätze mit Hilfe der Umstellprobe, sodass der eintönige Satzbau abwechslungsreicher wird.**

Paula lebt seit drei Jahren in Köln.

____

Sie kommt auf ihrem Schulweg täglich am Kölner Dom vorbei.

____

Paula weiß inzwischen viele interessante Einzelheiten über den Dom.

____

4 **Der folgende Text über den Kölner Dom ist leider nicht sehr informativ. Überarbeite den Text mit Hilfe der Erweiterungsprobe. Nutze die Angaben aus dem Cluster, um die Informationslücken des Textes zu schließen. Schreibe die verbesserte Fassung in dein Heft.**

Der Dom

Wenn du einmal den Dom (wo?) besuchst, triffst du vielleicht auf einen Domschweizer. Diese Männer fallen auf (weswegen?), sie beobachten das Geschehen im Dom (wie?). Sie geben den vielen Touristen (wo?) Hinweise und Tipps zum Dombesuch und achten auf ein dem Ort angemessenes Verhalten. Fragen beantworten die Domschweizer (auf welche Weise?).
Wenn du den Dom besuchst, solltest du den Dreikönigenschrein anschauen (wo?). Diese goldene Truhe ist verziert (wie?), sie fällt jedem Besucher auf. Beachte besonders die Figuren (welche?) auf der Vorderseite. Der Schrein wurde zwischen 1190 und 1220 hergestellt (wozu?). Er glänzt herrlich (warum?).

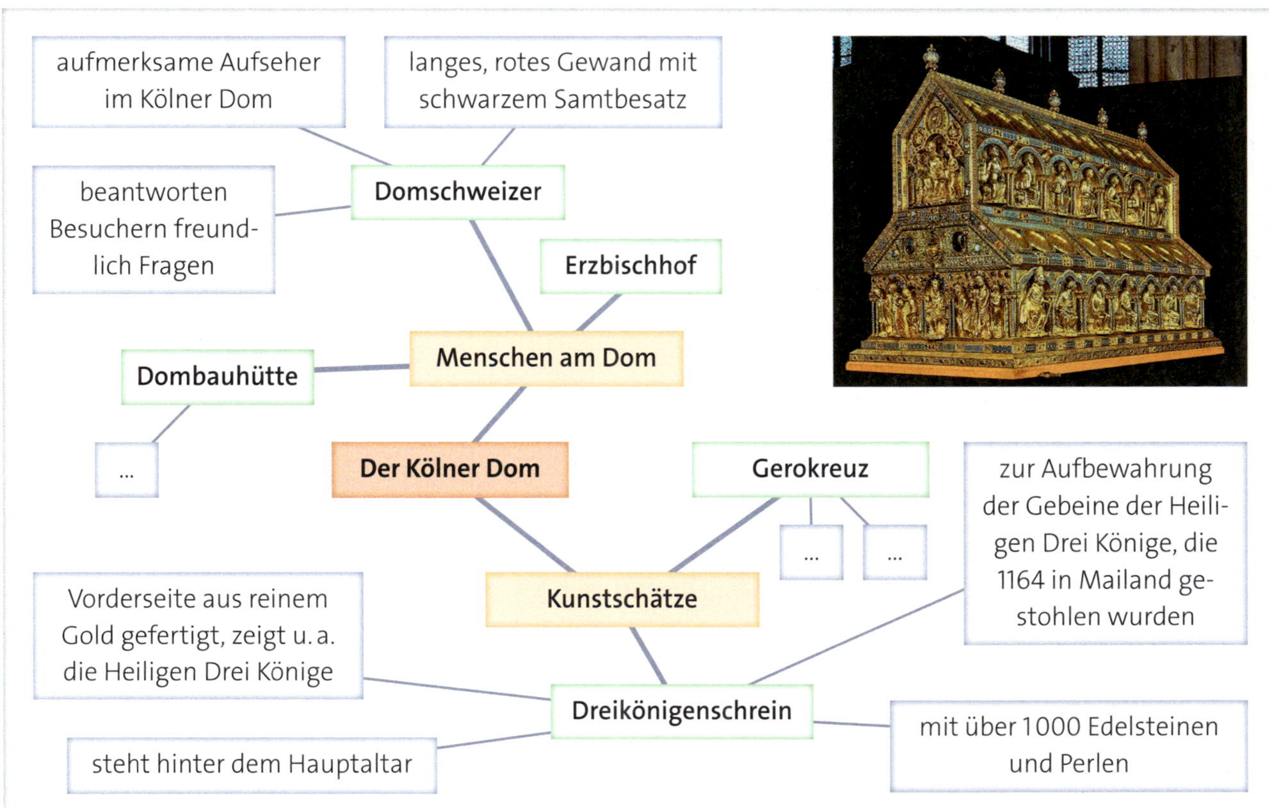

Teste dich!

Satzglieder

1 **Schreibe in die mittlere Spalte, welches Satzglied im Satz links unterstrichen ist, und gib die entsprechenden Fragewörter an. Unterstreiche dann im Satz rechts dasselbe Satzglied. (17 Punkte)**

	Satzglied	
Auch Oscar nennt einen Schatz seines Landes.	Subjekt Frage: ______	In Costa Rica ernten die Bauern diese Köstlichkeit.
Wegen der großen Hitze machen sich die Bauern frühmorgens auf den Weg zu den Plantagen.	______ Frage: ______	Die Früchte gären aufgrund der tropischen Hitze.
Nur die kleinen Bohnen werden gebraucht.	______ Frage: ______	Die Bauern verpacken die getrockneten Bohnen in Säcke.
Ungefähr 250 000 Tonnen dieser Bohnen werden nach Deutschland verschickt.	______ Frage: ______	Erst in der Rösterei entwickelt der Schatz seinen typischen Geschmack.
Den meisten Menschen schmeckt die gemahlene Bohne am besten mit Milch und Zucker vermengt.	______ Frage: ______	Zu einer bestimmten Jahreszeit wird die Köstlichkeit als Hase verkauft.
Oscar spricht von einem echten Schatz!	______ Frage: ______	Die Kakaobohne ist einer der Schätze Costa Ricas.

2 **Richtig oder falsch? Kreuze an. (6 Punkte)**

	richtig	falsch
A Jeder Satz braucht ein Dativobjekt.	☐	☐
B Das Subjekt steht immer an erster Stelle im Satz.	☐	☐
C Die Teile des Prädikats können im Satz getrennt sein.	☐	☐
D Das Akkusativobjekt steht immer im Akkusativ.	☐	☐
E Das Prädikat gibt an, wer etwas tut.	☐	☐
F Nach der adverbialen Bestimmung des Grundes fragt man mit „Warum ...?“, „Weshalb ...?“.	☐	☐

Vergleiche deine Ergebnisse mit dem Lösungsheft. Für jede richtige Antwort bekommst du einen Punkt.

☺ 23–20 Punkte	☺ 19–12 Punkte	☹ 11–0 Punkte
Gut gemacht!	Gar nicht schlecht, aber lies dir die Merkkästen auf den Seiten 57 bis 65 noch einmal genau durch.	Arbeite die Seiten 57 bis 65 noch einmal genau durch.

Satzarten unterscheiden

Information **Aussagesatz, Fragesatz, Aufforderungssatz**

Wenn wir etwas aussagen, fragen oder jemanden zu einer Handlung auffordern wollen, verwenden wir unterschiedliche Sätze. In Texten sind Sätze durch **Satzschlusszeichen** voneinander getrennt. Die verschiedenen Satzarten erkennt man an dem jeweiligen Satzschlusszeichen:
- Ein **Aussagesatz** endet mit einem Punkt: *Jonas ist ein schlauer Kopf.*
- Ein **Fragesatz** schließt mit einem Fragezeichen: *Kannst du gut kopfrechnen?*
- **Aufforderungen und Ausrufesätze** haben am Schluss meist ein Ausrufezeichen: *„Denk mal nach!" „Kopf hoch!"*

1 **Sprich die folgenden Sätze in Gedanken und prüfe, um welche Satzart es sich handelt. Trage die richtigen Satzschlusszeichen ein.**

Der Kopf ist ein Körperteil

Rede dich nicht um Kopf und Kragen

Im Kopf sitzt der Verstand

Leidest du unter Kopfschmerzen

Kopfläuse sind lästig

Hast du mal wieder nichts als Unsinn im Kopf

Ich spiele gern Kopfball

Hast du schon einmal über Redewendungen mit dem Wort „Kopf" nachgedacht

Benutze mal deinen Kopf

In der **gesprochenen Sprache** erkennst du die Satzart auch an der **Stimmführung:**

Bei einem Aussagesatz senkt sich am Schluss die Stimme: *Jonas ist ein schlauer Kopf.*

Bei einer Frage hebt sich die Stimme zum Ende des Satzes: *Kannst du gut kopfrechnen?*

In einem Ausrufesatz wird etwas gefühlsbetont und kurz geäußert. Dabei wird die Stimme oft lauter, z. B.: *„Kopf hoch!"*

2 **Das folgende Gedicht besteht aus Redewendungen, hat aber keinerlei Satzschlusszeichen.**

a **Lies das Gedicht zuerst genau.**

b **Bilde aus den einzelnen Verszeilen jeweils zwei verschiedene Satzarten (= insgesamt 18 Sätze). Beachte die entsprechenden Satzschlusszeichen. Schreibe ins Heft. Beispiel zu Vers 1:**

Willst du mal wieder mit dem Kopf durch die Wand? (Fragesatz)
Immer musst du mit dem Kopf durch die Wand! (Ausrufesatz)

Winfried Ulrich

Köpfe Köpfe

mit dem **Kopf** durch die Wand wollen
sich etwas in den **Kopf** setzen
den **Kopf** hängen lassen
jemandem den **Kopf** verdrehen
sich den **Kopf** zerbrechen

Hals über **Kopf** davonlaufen
sich etwas aus dem **Kopf** schlagen
jemandem den **Kopf** waschen
ein Brett vor dem **Kopf** haben
nicht auf den **Kopf** gefallen sein

Die Satzreihe – Hauptsätze verknüpfen

Information **Die Satzreihe** (Hauptsatz + Hauptsatz)

- Ein **Hauptsatz** ist ein selbstständiger Satz. Er enthält mindestens zwei Satzglieder, nämlich Subjekt und Prädikat, z. B.: *Ernährungswissenschaftler forschen.*
- Die **Personalform des Verbs** (das gebeugte Verb) steht im Hauptsatz **an zweiter Satzgliedstelle,** z. B.: *Ernährungswissenschaftler erforschen das Essverhalten.*
- Ein **Satz**, der **aus zwei oder mehr Hauptsätzen** besteht, wird **Satzreihe** genannt. Die einzelnen Hauptsätze einer Satzreihe werden durch ein **Komma** voneinander getrennt, z. B.:

  Ernährungswissenschaftler haben viele Aufgaben, sie beschäftigen sich auch mit Lebensmitteln.

  —— Hauptsatz (HS) ——, —— Hauptsatz (HS) ——.
  Komma

- Häufig werden Hauptsätze durch die **nebenordnenden Konjunktionen** (Bindewörter) *und, oder, aber, sondern, denn, doch* verbunden. Nur vor *und* bzw. *oder* darf das Komma entfallen, z. B.:

  Ernährungswissenschaftler führen Umfragen durch (,) und daraus ziehen sie Schlüsse.

  —— Hauptsatz (HS) —— (,) und —— Hauptsatz (HS) ——.
  (Komma) Konjunktion

Leerer Magen studiert nicht gern

1 **Verbinde jeweils zwei Hauptsätze zu einer inhaltlich sinnvollen Satzreihe. Verwende passende nebenordnende Konjunktionen und schreibe ins Heft.**

Ein schlauer Kopf benötigt auch ein gutes Frühstück.

Sie sind auch weniger nervös und reizbar.

Kein Kind sollte mit leerem Magen zur Schule gehen.

Mit leerem Magen kann keiner gut lernen.

Mit einem Frühstück sind Kinder im Schulalltag konzentrierter.

Einer Umfrage des Issgut-Instituts zufolge geht jedes siebte Kind ohne Frühstück aus dem Haus.

2 **Füge passende Konjunktionen ein und setze Kommas.**

VORSICHT FEHLER!

Es gibt viele Gründe für ein fehlendes Frühstück __________ am häufigsten werden Appetitlosigkeit und Zeitmangel genannt. Man kann niemanden zum Essen zwingen __________ jeder sollte sich wohl zu einem Glas Milch oder Fruchtsaft bewegen lassen. In den Schulpausen essen manche vor lauter Heißhunger Schokoriegel __________ diese Süßigkeiten sind schnell verfügbar __________ man hat schon bald erneut Hunger.

3 ●●● **Schreibe in dein Heft, was du morgens und in den Pausen frühstückst. Erkläre, warum du welche Nahrungsmittel bevorzugst. Formuliere ausschließlich Satzreihen mit mindestens zwei Hauptsätzen.**

Das Satzgefüge – Hauptsatz und Nebensatz verbinden

Information **Das Satzgefüge** (Hauptsatz + Nebensatz)

Einen **Satz,** der aus mindestens einem **Hauptsatz** und mindestens einem **Nebensatz** besteht, nennt man Satzgefüge. Zwischen Hauptsatz und Nebensatz muss **immer ein Komma** stehen.

Nebensätze haben folgende Kennzeichen:
- Ein Nebensatz kann **nicht ohne** einen **Hauptsatz** stehen.
- Der Nebensatz ist dem Hauptsatz untergeordnet und wird durch eine **unterordnende Konjunktion** (z. B. *weil, dass, als, nachdem, wenn*) oder ein **Relativpronomen** (z. B. *der, die, das, welcher*) eingeleitet.
- Die **Personalform des Verbs** (das gebeugte Verb) steht im Nebensatz immer **an letzter Satzgliedstelle**.
- Ein Nebensatz kann **vorangestellt, eingeschoben** oder **nachgestellt** werden, z. B.:

vorangestellt: *Wenn wir morgens aufwachen, erinnern wir uns manchmal an herrliche Träume.*
Konj. — Nebensatz (NS) —, ——— Hauptsatz (HS) ———.

eingeschoben: *Menschen, die morgens schweißgebadet aufwachen, hatten häufig Alpträume.*
— HS —, Relativpron. ——— NS ———, ——— HS ———.

nachgestellt: *Im Traum kann auch ein Geschehen ablaufen, das uns Angst macht.*
——— HS ———, Relativpron. — NS —.

1 **Kennzeichne im folgenden Text Hauptsatz und Nebensatz, indem du**
a die Personalform des Verbs im Hauptsatz gelb und im Nebensatz blau unterstreichst,
b einen senkrechten Strich | zwischen Haupt- und Nebensatz ziehst,
c das Wort, das den Nebensatz einleitet, umkreist.

Menschen haben Träume, | die wie ein Kino im Kopf wirken

Ein Professor bat seine Zuhörerinnen und Zuhörer, dass sie sich mit geschlossenen Augen Tiere vorstellen. Als der Saal sozusagen voller Tiere war, öffnete das Publikum die Augen wieder. Das Publikum erkannte erstaunt, dass man auch am Tag träumt. Wie Tagträume auch beim Lernen helfen, das erklärte der Professor auch. Manchmal schweift das Gehirn in Tagträume ab, während es neue Eindrücke ordnet.

2 **In den folgenden Satzgefügen fehlen die Kommas.**
Setze sie an der richtigen Stelle ein.

VORSICHT FEHLER!

Träume wirken häufig sehr wirklich weil sie in Bildern ablaufen.

Traumbilder zeigen unterschiedliche Orte und Zeiten die oft völlig wirr durcheinanderlaufen.

In Traumszenen spielt der Träumende der vielleicht plötzlich etwas ganz Tolles kann die Hauptrolle.

3 **Zeichne zu den Sätzen aus Aufgabe 2 Satzbaupläne in dein Heft.**
●●● **Tipp: Orientiere dich an den Mustern im Merkkasten.**

4 Untersuche die folgenden Satzgefüge:
Ist der Nebensatz V vorangestellt, N nachgestellt oder E eingeschoben?
Trage den richtigen Buchstaben ins Kästchen ein.

A Wenn ich meinen Traumberuf ausüben kann, werde ich sehr glücklich sein. ☐

B Meine Trauminsel, auf der ich gern Urlaub machen würde, ist Rügen. ☐

C Erst um 10 Uhr fängt meine Traumschule, die direkt am Meer liegt, an. ☐

D Ich träume davon, dass ich später einmal auf einem Leuchtturm wohnen kann. ☐

5 Schau dir die Sätze von Aufgabe 4 genau an: Wo steht die Personalform des Verbs?
Unterstreiche sie und ergänze die Regel.

Im Nebensatz steht die Personalform des Verbs immer ____________________.

6 a Lies den folgenden Text über Leuchttürme.
Er besteht nur aus Hauptsätzen. Das wirkt etwas abgehackt.
b Formuliere die folgenden Sätze zu Satzgefügen um:
Verwende die angegebenen Konjunktionen bzw. Relativpronomen.
Beachte die Kommasetzung.

Verbindet man Hauptsätze zu Satzgefügen, **wirkt der Text flüssiger**, z. B.:
Da der Text nur aus Hauptsätzen besteht, wirkt er etwas abgehackt.

Als *Leuchtturm* wird in der Seefahrt ein etwa 15 bis 40 Meter hoher Turm bezeichnet. Der Turm dient an wichtigen oder gefährlichen Punkten der Schifffahrt als weithin sichtbares Seezeichen. (der)

____

____

Durch seine Lichtsignale weist er Schiffen den Weg. Die Lichtsignale nennt man auch Leuchtfeuer. (die)

____

Sie ermöglichen das Umfahren gefährlicher Stellen. Leuchttürme sind wahre Lebensretter. (sodass)

____

Viele Leuchttürme sind beeindruckende Bauwerke. Sie bilden ein beliebtes Fotomotiv für Urlauber. (weil)

____

Leuchttürme spenden nachts Licht und ermöglichen die Heimkehr. Sie sind ein ermutigendes Symbol. (da)

____

____

7 Erkläre mit eigenen Worten, für wen und warum Leuchttürme wichtig sind. Formuliere ein Satzgefüge.

____

____

Teste dich!

Satzarten unterscheiden

1 **Vervollständige das Merkwissen und beantworte die Fragen: (3 Punkte)**

A Ein Satzgefüge besteht aus ______________________________

B An welche Stelle im Satzgefüge muss immer ein Komma gesetzt werden?

____

C An welcher Stelle steht im Nebensatz die Personalform des Verbs?

____

2 **Kannst du Sätze untersuchen? Prüfe dein Wissen.**

A Unser Wortschatz beinhaltet viele Redewendungen.
B Diese sind nicht wörtlich zu nehmen, darin liegt gerade ihr Witz.
C Die Redewendungen stammen aus zahlreichen Bereichen des Lebens, zu nennen sind z. B. die Landwirtschaft, das Handwerk, die Jagd, die Küche oder fremde Kulturen.

Was bedeutet die Redewendung „Manchmal verliert man den Faden"?
D Wenn jemand beim Spinnen oder Weben den Faden verliert, kann er erst einmal nicht weiterarbeiten.
E Jemand weiß beim Reden den Gedanken nicht mehr, den er ausdrücken wollte.

Und woher stammt die Redewendung „Etwas hängt am seidenen Faden"?
F Dahinter steckt die Vorstellung vom Lebensfaden, den die griechischen Schicksalsgöttinnen spinnen.
G Falls der Lebensfaden zu dünn ist, könnte er reißen.

a **Kreuze an. (1 Punkt)**

Satz A ist: ☐ ein Hauptsatz ☐ eine Satzreihe ☐ ein Satzgefüge

b **Schreibe die Buchstaben der Satzreihen auf. (2 Punkte)**

____

c **Erkläre stichwortartig die Kommasetzung (alle Kommas) in Satz B und Satz C. (3 Punkte)**

____

d **Unterstreiche in allen Satzgefügen die Nebensätze mit Gelb. (8 Punkte)**
Markiere die einleitenden Konjunktionen bzw. Relativpronomen.

e **Zeichne einen Satzbauplan zu Satz G in dein Heft. (1 Punkt)**

Vergleiche deine Ergebnisse mit dem Lösungsheft. Für jede richtige Antwort bekommst du einen Punkt.

☺ 18–13 Punkte	😐 12–9 Punkte	☹ 8–0 Punkte
Gut gemacht!	Gar nicht schlecht, aber lies dir die Merkkästen auf den Seiten 67 bis 70 noch einmal genau durch.	Arbeite die Seiten 67 bis 70 noch einmal genau durch.

Was kannst du schon? – Rechtschreibung

1 **In jedem dieser Wörter stecken zwei Wörter. Zerlege: Trage einen Strich | zwischen den Wörtern ein. (4 Punkte)**

Brot|korb   Trinkglas   Teekanne   Toastscheibe   Honigglas

2 **Umkreise die Wörter, die falsch getrennt sind. Schreibe diese Wörter mit der richtigen Trennung ins Heft. (3 Punkte)**

VORSICHT FEHLER!

Wasch-lap-pen   Haar-bür-ste   Sei-fen-do-se   Dus-che   Wasch-bec-ken

3 **Welche dieser Wörter werden mit ä bzw. äu geschrieben? Prüfe durch Ableiten (verwandte Wörter bilden) und kreuze an. Trage in die Klammer das Wort ein, von dem du die Schreibweise ableiten kannst. (5 Punkte)**

☐ Häu___ser (Haus ___)   ☐ H___te (___)   ☐ Pl___tzchen (___)

☐ Geb___de (___)   ☐ ___ngstlich (___)   ☐ S___getier (___)

4 **Auf welchen Buchstaben endet das Wort? Finde jeweils eine Verlängerung, die dir bei der Entscheidung hilft. (8 Punkte)**

Geld___	d/t?	Gelder	Urlau___	b/p?	___	lusti___	g/k?	___
Hem___		___	Tra___		___	Win___		___
Zel___		___	hal___		___	Spu___		___

5 **Muss an den markierten Stellen der Konsonant verdoppelt werden? Prüfe und trage ein. (16 Punkte)**

Im Som___er ist einf___ach al___es viel___ bes___er: Man___ braucht kein___en Pul___over und mus___ sich nicht im___ Zim___er langweil___en. Man kan___ Fußbal___ spiel___en und schwim___en gehen.

6 **Ergänze ein h, wo es notwendig ist. (20 Punkte)**

Stra___ßenba___nen fa___ren mit Stro___m, den sie durch den Stro___mabne___mer aus der Oberlei___tung bekommen. I___re Elektromoto___ren ge___ben keine Abga___se ab. Stra___ßenba___nen sind ein se___r beque___mes Verke___rsmittel. Man kann wä___rend der Fa___rt frü___stücken oder le___sen.

7 **Wie heißen diese Tiere? Notiere und achte auf i und ie. (8 Punkte)**

___

___

8 **Trage die Wörter richtig in die Tabelle ein und ergänze dabei den entsprechenden s-Laut. (8 Punkte)**

mü ? en Schlu ? drau ? en intere ? ant schie ? en Stra ? e Wi ? en au ? erdem

Wörter mit ß	Wörter mit ss

VORSICHT FEHLER!

9 **Groß oder klein? Kreuze bei jedem Satz an, ob er einen Fehler enthält oder nicht. (13 Punkte)**

	ein Fehler	kein Fehler
A In der Garage steht ein neues Auto.	☐	☐
B In der Garage steht ein Neues Auto.	☐	☐
C Unsere vier Fahrräder haben jetzt keinen platz mehr.	☐	☐
D Unsere Vier Fahrräder haben jetzt keinen Platz mehr.	☐	☐
E Unsere vier Fahrräder haben jetzt keinen Platz mehr.	☐	☐
F Sie sind in den Keller verbannt worden.	☐	☐

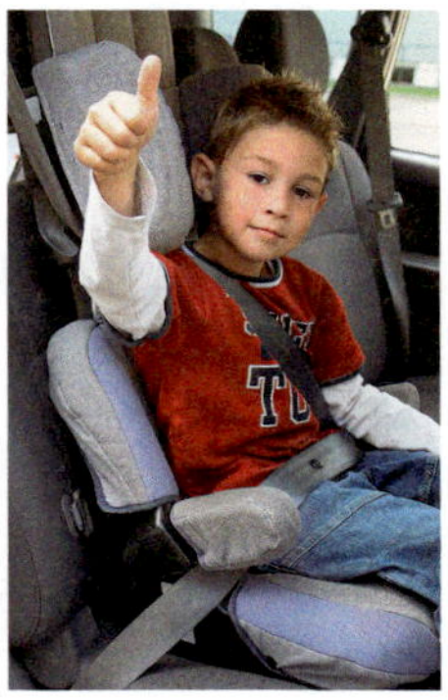

10 **In diesem Text müssen 12 Wörter großgeschrieben werden. Unterstreiche sie. (12 Punkte)**

Der kindersitz gibt kleineren kindern im auto mehr sicherheit. Sie sitzen geschützter, sind angeschnallt und haben auch seitlich einen guten halt. Das ist wichtig, wenn ein kind einschläft. Für größere genügt der junior-autositz. Ein kind darf erst ohne kindersitz mitfahren, wenn es mindestens 12 jahre alt oder 1,50 meter groß ist.

11 **Setze die fehlenden Kommas. (3 Punkte)**

VORSICHT FEHLER!

Die meisten Kinder fahren gern Fahrrad lieben Ballspiele und schauen fern.
Manche sitzen zu lange vor dem Fernseher sowie dem Computer und treiben zu wenig Sport.
Meist sind Kinder am liebsten draußen im Garten auf dem Bolzplatz oder auf der Straße.

12 **Setze die fehlenden Anführungszeichen bei der wörtlichen Rede an den richtigen Stellen ein. (5 Punkte)**

Eigentlich wollte ich heute draußen spielen , seufzt Clemens.
Und warum , fragt sein Bruder, machst du es nicht?
Dumme Frage! , antwortet Clemens. Es regnet und meine Gummistiefel haben ein Loch.

13 **a Überprüfe deine Lösungen mit Hilfe des Lösungsheftes.**
b Trage ein, wie du die Aufgaben bewältigt hast:
✔ = das Meiste richtig ? = noch etwas unsicher

Aufgabe	1 ☐	2 ☐	3 ☐	4 ☐	5 ☐	6 ☐	7 ☐	8 ☐	9 ☐	10 ☐	11 ☐	12 ☐
Weitere Übungen	Seite 38–48	Seite 38–39	Seite 45	Seite 53–54	Seite 67	Seite 57–61	Seite 86–89	Seite 92–95	Seite 99–102	Seite 99–102	Seite 103	Seite 104

Fehler vermeiden – Tipps zum Rechtschreiben

Methode **Lesbar schreiben, fehlerfrei abschreiben**

Um beim Schreiben Fehler zu vermeiden, ist **Konzentration** besonders wichtig.
Konzentration bedeutet: Du richtest alle deine Gedanken nur auf den Text, den du gerade schreibst.
Durch Abschreiben trainierst du deine Konzentration und gleichzeitig die Rechtschreibung. Gehe so vor:

1. **Schritt:** Lies eine Zeile, schau dir die Wörter an und präge sie dir ein.
2. **Schritt:** Decke die Zeile mit einem Blatt Papier ab und schreibe sie aus dem Gedächtnis auf. Schreibe in deiner besten Schrift.
3. **Schritt:** Vergleiche Wort für Wort, Buchstabe für Buchstabe mit der Vorlage: Hast du alles richtig geschrieben?
4. **Schritt:** Streiche falsch geschriebene Wörter mit einem Lineal durch und schreibe sie verbessert auf.

Tipp 1: Konzentriert und leserlich (ab)schreiben

1 **Schreibe diese Wörter ab, trage sie in den Text ein: Wende die vier Schritte aus dem Methodenkasten an.**

Erinnerungsbuch | Freundschaftsbeweis | besinnlichen | Poesiealbumsprüche | Vergissmeinnicht | Jahrhunderten | Freundschaftsbücher | präsentiert

Vom Poesiealbum zum Freundschaftsbuch

Ein Poesiealbum ist eine Art ______________________________.

Es gilt als ______________________________, sich mit einem lustigen oder ____________________

Spruch oder Gedicht verewigen zu dürfen. Viele ______________________________ beinhalten

einen Treueschwur oder ein „______________________________“. Poesiealben gibt es seit

mehreren ____________________. Heute sind ______________________________ beliebt,

in denen man sich mit seinen Lebensdaten, Vorlieben, Hobbys und einem Foto ____________________.

2 ●●● **Schreibe diese Poesiealbumsprüche ab.**
Tipp: Du kannst auf schönes Papier schreiben, ein Bild dazu zeichnen und das Blatt verschenken.

A
Löwen, Tiger, Katzen,
alle sollen sie dich kratzen,
wenn du je vergisst,
wer dein Schulfreund ist.

B
Wenn das Rhinozeros,
das schlimme,
dich kriegen will
in seinem Grimme,
dann steig auf einen
Baum beizeiten,
sonst hast du
Unannehmlichkeiten.

C
Freundlich blüht an stiller Quelle
in des Mondes Silberlicht
eine Blume, zart und helle,
und die heißt Vergissmeinnicht.

Tipp 2: Wörter deutlich sprechen und gliedern

Methode **Wörter in Silben gliedern – Silbentrennung am Zeilenende**

Sprich Wörter in Gedanken rhythmisch und in Silben. Das hilft, richtig zu schreiben.
Passt ein Wort nicht mehr ganz in eine Schreibzeile, dann prüfe, ob du es trennen kannst:
Regel 1: **Mehrsilbige Wörter** trennt man **nach Sprechsilben**, z. B.: *Kin-der-zim-mer, Lam-pen-schirm.*
Regel 2: **Einsilbige Wörter** darf man **nicht trennen**, z. B.: *Bild, Stuhl, hart, bunt.*
Regel 3: Ein **einzelner Vokal** wird **nicht abgetrennt**, z. B.: *Abend, üben, öde.*
Tipps für Zweifelsfälle:
A) In die neue Zeile kommt nur ein Konsonant, z. B.: *Tep-pich, klop-fen, schmut-zig, Pos-ter, Tren-nung.*
B) Buchstabenverbindungen, die für einen Laut stehen, trennt man nicht, z. B.: *ki-chern, zwi-schen, We-cker.*
C) Zusammengesetzte Wörter und Wörter mit Vorsilben und Endungen trennt man zwischen den einzelnen Wortbausteinen, z. B.: *Bett-tuch, Vor-hang, berg-auf, über-sicht-lich.*

1 **Welche Gegenstände siehst du auf dem Bild?**
a **Sprich die Wörter rhythmisch und achte auf die Sprechsilben.**
b **Schreibe jedes Wort mit Artikel und Trennstrichen ins Heft, z. B.:** *der Schreib-tisch, ...*
Achtung: Zwei Wörter werden nicht getrennt.

2 **a** **Hier ist falsch getrennt worden! Schreibe hinter jede markierte falsche Trennung, gegen welche Regel (1, 2, 3) oder welchen Tipp (A, B, C) aus dem Merkkasten verstoßen wurde.**
Notiere das Wort mit der richtigen Trennung in der rechten Spalte.
b **Schreibe alle unterstrichenen Wörter noch einmal mit Trennstrichen an den richtigen Stellen in dein Heft.**

VORSICHT FEHLER!

Lieber Besucher!	**Verstoß gegen Regel/Tipp**	**richtige Trennung des Wortes**
Wenn Sie dieses Zimmer betreten, beachten Sie bi-		
tte diese Regeln: Machen Sie Ihre Schuhe vorher etwas drec-		
kig und behalten Sie sie unbedingt an. Wundern Sie sich nicht ü-		
ber die Unordnung – helfen Sie lieber, diese zu erhalten. Schmu-		
tz ist hier ein willkommener Gast. Wischen Sie ruhig Ihre Fettfing-		
er an der Tischdecke ab. Wir mögen es, wenn Sie etwas umsch-		
meißen oder zertrümmern oder wenn Sie ölige, matschige oder kle-		
brige Essensreste auf dem Teppichboden verstreuen und festtreten.		

c **Schreibe die unterstrichenen Wörter mit allen Trennmöglichkeiten ins Heft.**

Methode **Wörter in Sinneinheiten und Wortbausteine zerlegen**

Wörter zu zerlegen hilft dir, besonders lange Wörter und Wörter mit Vorsilben richtig zu schreiben.
Durch das Zerlegen erkennst du
- **Sinneinheiten**, lange Wörter werden übersichtlicher, z. B.: *Auto|bahn|bau|stellen|zufahrt;*
- den **Wortstamm**, er wird in verwandten Wörter gleich oder ähnlich geschrieben, z. B.: *Zu|fahrt – fahren;*
- **Vorsilben,** z. B. *ver-*, die mit **v** geschrieben werden: *Ver|fahren, ver|laufen.*

3 **Zerlege diese Bandwurmwörter in Sinneinheiten:** *Band | wurm | wörter.*
Schreibe sie ab.

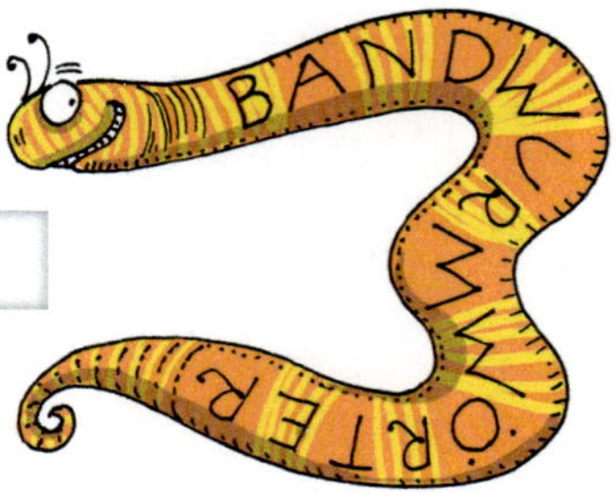

Spiegelglatteisgefahrwarnung | Sommerschlussverkaufschnäppchenjäger | Schulhaustürrahmenholzbandwurmloch

____

____

____

4 **a Entscheide, welche dieser Wörter mit der Vorsilbe Ver-/ver- geschrieben werden.**
Zerlege und trage ein: v oder f.
b Trage die Wörter passend in die Übersicht ein.

das *V*er|steck die *F*erne das __erkel __ernehmen das __ertrauen __ertig

__erschreiben __ermutlich die __erien der __ernseher __ersorgen der __erteiler

Wörter mit Vorsilbe ver-/Ver-	Wörter mit f-/F-
das Versteck,	*die Ferne,*

5 **Hier ist beim Zerlegen etwas schiefgelaufen!**
●●● **Schreibe das Wort ungetrennt ab und zerlege es richtig.**

Blumento|pferde: *Blumen | topf | erde*

Talent|wässerung ______________________________

Kau|fladen: ______________________________

bein|halten: ______________________________

Hau|stier: ______________________________

Nachteil|zug: ______________________________

Tipp 3: Verwandte Wörter suchen

Methode **Ableitungsprobe (1): Den Wortstamm prüfen**

Wenn du unsicher bist, wie ein Wort geschrieben wird, hilft oft die Suche nach einem verwandten Wort. Du kannst die Schreibweise davon ableiten (Ableitungsprobe).
Der **Wortstamm** (= Grundbaustein) wird in verwandten Wörtern gleich oder ähnlich geschrieben, z. B.: *fahren, Fahrrad, Vorfahrt, du fährst, Fähre.*

1 **Suche zu jedem dieser Wörter jeweils fünf verwandte Wörter. Schreibe den Wortstamm jeweils in den Baumstamm und die übrigen Wortbestandteile links und rechts neben den Baum.**

2 **a** **Unterstreiche in jedem Infinitiv den Wortstamm.**
b **Trage die Verbformen und Wörter bei den Infinitiven ein, mit denen sie verwandt sind.**
c **Unterstreiche in allen eingetragenen Wörtern den Wortstamm.**

sehen: *die Sehkraft,* ____________________

geschehen: ____________________

gehen: ____________________

stehen: ____________________

der Sehtest | das Stehcafé | du siehst | es geschieht | die Herangehensweise | es geht | ihr steht | der Gehweg | das Fernsehprogramm | das Geschehnis | die Stehleiter | Was geschah? | die Sehkraft | das Stehaufmännchen | Gehst du?

Methode **Ableitungsprobe (2): e oder ä, eu oder äu?**

Wenn du unsicher bist, ob ein Wort mit **ä** oder **e** bzw. mit **äu** oder **eu** geschrieben wird, hilft dir die Ableitungsprobe.

– Ein Wort wird mit **ä** geschrieben, wenn es ein verwandtes Wort mit **a** gibt: *Träger* → *tragen*.
– Ein Wort wird mit **äu** geschrieben, wenn es ein verwandtes Wort mit **au** gibt: *träumen* → *Traum*.

3 **Jeweils ein Wort aus dem rechten und dem linken Kasten sind miteinander verwandt. Verbinde diese Wörter und schreibe die Wortpaare ins Heft. Ergänze bei den Nomen die Artikel.**

Linker Kasten: Schädling, Wäsche, häufig, Läuse, aufräumen, färben, Härte, häuslich, wählen

Rechter Kasten: Farbe, Laus, Raum, schaden, Haufen, waschen, hart, Wahl, Haus

(Härte — hart)

4 **Ergänze in der Tabelle die fehlenden Wörter.**

die Gans	die Gänse		der Gänsebraten
		das Bäumchen	
			das Astloch
das Blatt			
		das Schäfchen	

5 **Suche zu diesen Wörtern ein verwandtes Wort der vorgegebenen Wortart, das mit a oder au geschrieben wird.**

Fläche (Adjektiv) → flach ____ schädlich (Nomen) → ____ Händler (Verb) → ____

häuslich (Verb) → ____ schäumen (Nomen) → ____ stärken (Adjektiv) → ____

6 **In diesen Schüttelwörtern sind Wörter mit ä oder äu versteckt, die keinen Verwandten mit a oder au haben. Schreibe die Wörter auf und unterstreiche das ä oder das äu. Beachte die Großschreibung, wo nötig. Tipp: Das erste Wort hilft dir, alle weiteren Schüttelwörter zu knacken.**

tsräwkcür ____ räb ____ rednäleg ____ mräl ____

negäs ____ esäk ____ nehcsuät ____ täps ____

nenhäg ____ zräm ____ refäk ____ enärt ____

Tipp 4: Wörter verlängern

Methode **Verlängerungsprobe (1): t oder d, k oder g, p oder b?**

Meist am Wortende klingt **b** wie **p**, z. B.: *Stau**b**, hal**b**;* **g** wie **k**, z. B.: *Ta**g**, Ber**g**;* **d** wie **t**, z. B.: *Ba**d**, wüten**d**.*
Erst wenn du die Wörter verlängerst, hörst du, welchen Buchstaben du schreiben musst (Verlängerungsprobe), z. B.: *stau**b**ig, hal**b**ieren, Ta**g**e, Ber**g**e, ba**d**en, wüten**d**er.*
So kannst du Wörter verlängern:

- Bilde bei Nomen den Plural, z. B.: *der Win* ? *– die Win**d**e → der Wind.*
- Steigere Adjektive, z. B.: *klu* ? *– klü**g**er → klug.*
- Ergänze bei Adjektiven ein Nomen, z. B.: *frem* ? *– ein frem**d**er Mensch → fremd.*
- Bilde bei Verben den Infinitiv oder die Wir-Form, z. B.: *grä* ? *t – (wir) gra**b**en → gräbt.*

1 a **Finde zu jedem Bild das passende Wort. Schreibe es im Plural auf.**
b **Unterstreiche, bei welchem Buchstaben dir das Verlängern im Plural hilft, das Wort richtig zu schreiben.**

 die Bänder

2 **t/d, k/g oder p/b? Suche Steigerungsformen von Adjektiven:**
Ergänze in diesen Steigerungstreppen zuerst die Mitte und dann die anderen Stufen.

k	l	u					
k	l	ü		e	r		
k	l	ü		s	t	e	n

l	i	e					
l							
l							

w	i	l		e	r			

g	r	ö		s	t	e	n

f	l	i	n					

k	a	l						

3 **Schreibe für folgende Adjektive Steigerungstreppen in dein Heft und markiere b/p, d/t, g/k:**

al ? bun ? kran ? brei ? jun ? frem ?

4 **Ergänze bei den Verben auf der linken Seite den fehlenden Buchstaben mit Hilfe der Verlängerungsprobe:**
Setze dazu in jedem Satz Subjekt und Prädikat in den Plural.

Ein Auto bie___t um die Ecke. — Zwei Autos biegen

Es häl___ und hu___t. — Sie ______

Eine alte Dame hin___t herbei und stei___t ein. — Zwei ______

Methode **Verlängerungsprobe (2): Zerlegen und Verlängern**

Manchmal muss man ein Wort erst zerlegen (▶ S. 76), bevor man es an der fraglichen Stelle verlängern kann, z. B.: *Sau ? napf* → *Sau ? |napf* → *sau**g**en* → *Sau**g**napf.*

5 **Finde den fehlenden Buchstaben durch Zerlegen und Verlängern. Notiere den Lösungsweg wie beim Beispiel im Merkkasten.**

Kor ? sessel ______________________________

Schwieri ? keiten ______________________________

Strei ? fall ______________________________

Tausen ? füßler ______________________________

Köni ? reich ______________________________

Gesun ? heit ______________________________

Ban ? angestellter ______________________________

Methode **Verlängerungsprobe (3): s oder ß?**

Nach einem langen Vokal oder einem Doppelvokal (Diphthong) kann am Wortende ein stimmloses („scharfes") **s** entweder als **s** (z. B. *Gras, Maus*) oder als **ß** (z. B. *Fuß, Fleiß*) geschrieben werden.
Ob **s** oder **ß** richtig ist, hörst du bei der Verlängerungsprobe:
- Klingt der **s-Laut stimmhaft**, schreibst du **s**, z. B.: *das Gra ?* → *die Gräser, die Mau ?* → *die Mäuse.*
- Bleibt der **s-Laut stimmlos**, schreibst du **ß**, z. B.: *der Fu ?* → *die Füße, hei ?* → *heißer.*

6 **a** **Sortiere diese Wörter zu drei Wortfamilien: Schreibe in jede leere Kiste eine Wortfamilie.**
b **Unterstreiche in jeder Wortfamilie die Wörter, die dir bei der Schreibung des s-Lautes helfen.**

versü___en fel___ig Ei___ Sü___igkeit sü___ Fel___brocken ei___ig

Fel___en Fel___ verei___en Ei___schicht Sü___stoff

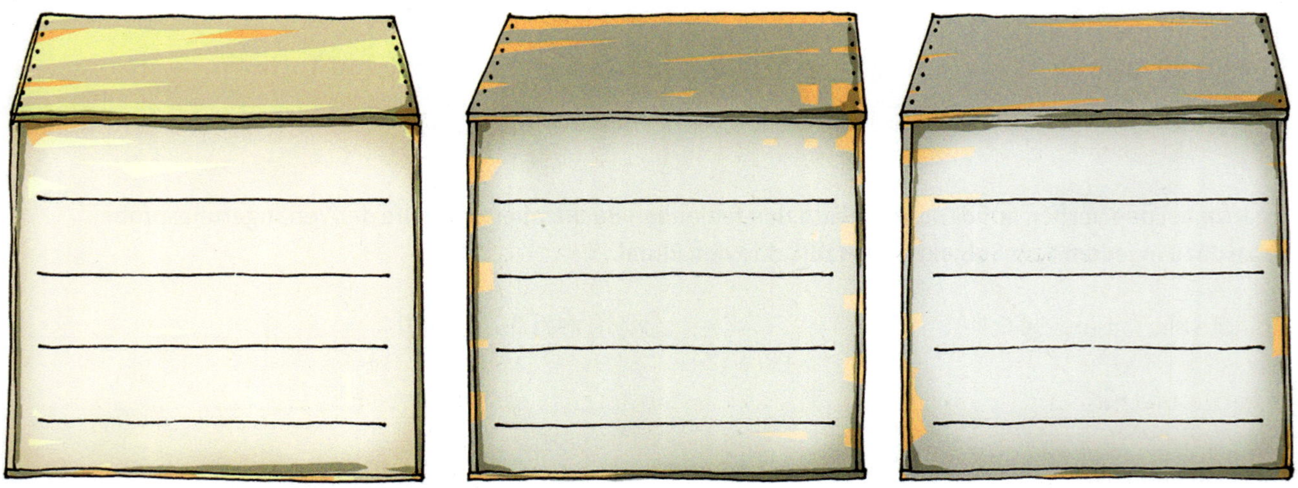

Tipp 5: Im Wörterbuch nachschlagen

Methode **Mit dem Wörterbuch arbeiten**

- In einem Wörterbuch sind die Buchstaben **nach dem Alphabet sortiert**.
  Wenn der erste, zweite ... Buchstabe gleich sind, wird die Reihenfolge nach dem zweiten, dritten ... Buchstaben entschieden, z. B.: *Bibel – Blumenkohl – Bote; Befehl – Bein; Beere – Beet.*
- Die Wörter sind im Wörterbuch in ihrer **Grundform** verzeichnet, also z. B.
  - Verben im Infinitiv, z. B.: *er fraß → fressen,*
  - Nomen im Nominativ Singular, z. B.: *die Hühner → Huhn.*

Tipp: Wenn ein Wort unter der vermuteten Schreibweise nicht zu finden ist, solltest du eine andere Schreibweise suchen und darunter nachschlagen, z. B.: *Yogurt → Jogurt.*

1 a **Bringe das Lebensmittel-Abc in die richtige Reihenfolge.**
Schreibe den Anfangsbuchstaben jeweils in einer anderen Farbe.

Weintraube | Orangensaft | Butter | Quark | Mandeln | Erbsen | Folienkartoffel | Honig | Ingwer | Kakao | Nüsse | Chips | Puddingpulver | Dattel | Radieschen | Zucker | ~~Aprikose~~ | Gemüse | Sonnenblumenöl | Johannisbeeren | Vanille | Limonade | Toast

Aprikose, ______________________________

____

____

b **Drei Buchstaben fehlen in diesem Alphabet:**

Schreibe sie auf. ______________________________

2 **Welchem Ordnungprinzip folgt die jeweilige Buchstabenreihe?**
Setze die Reihe entsprechend fort: Trage die richtigen Buchstaben ein.

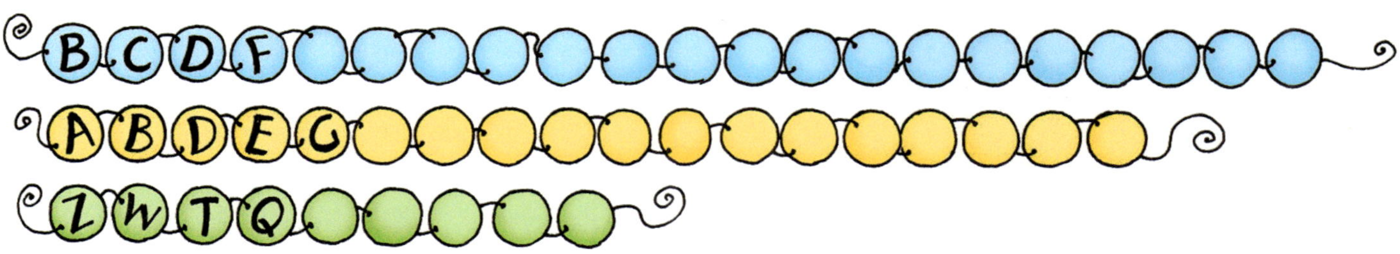

3 a **Schlage im Wörterbuch die richtige Schreibweise nach und kreise sie ein.**
●●● b **Notiere dahinter: Aus welcher Herkunftssprache stammt das Wort?**

Zuchini oder Zucchini? ______________________

Paella oder Paelja? ______________________

Crossant oder Croissant? ______________________

Borschtsch oder Bortsch? ______________________

Zaziki oder Satsiki? ______________________

Kuskus oder Couscous? ______________________

Teste dich!

Tipps zum Rechtschreiben

1 Kreuze an: Welche Probe hilft dir, an den markierten Stellen die richtige Schreibung zu finden? (6 Punkte)

	Rundfun**k**	sch**äu**mend	Volkslie**d**	gr**ä**bt	dauern**d**	P**äu**schen
Verlängerungsprobe	☐	☐	☐	☐	☐	☐
Ableitungsprobe	☐	☐	☐	☐	☐	☐

2 a Entscheide für jede Aussage, ob sie richtig oder falsch ist. Kreuze an. (5 Punkte)

		richtig	falsch
A	Beim Verlängern kann aus einem stimmlosen **s** ein stimmhaftes **s** werden.	☐	☐
B	Ein Nomen kann man gut verlängern, indem man den Plural bildet.	☐	☐
C	Dieselbe Vorsilbe wird immer mit demselben Anfangsbuchstaben geschrieben.	☐	☐
D	Für einige Wörter mit **ä** und **äu** gibt es keine Ableitungsmöglichkeit.	☐	☐
E	Das Zerlegen von Wörtern dient ausschließlich der richtigen Silbentrennung.	☐	☐

b Ordne den folgenden Beispielen die Aussagen aus Aufgabe 2 a zu. (5 Punkte)

		gehört zu Aussage
1	Wald → Wälder	☐
2	Käfer, Käfig, Käse, Känguru	☐
3	Kleid → Kleider, Fuß → Füße	☐
4	Schmaus → schmausen, Gras → Gräser	☐
5	verbieten, Verkauf, verloren, verstehen, Verneinung	☐

3 Zerlege diese Wörter. Markiere die Stellen, an denen eine Verlängerungsprobe hilfreich ist. (8 Punkte)

Rundwegweiser ______________________ Nachtblindflug ______________________

Flugzeugträger ______________________ Halbzeitpause ______________________

Windhundrennen ______________________ Handstaubsauger ______________________

Heißluftballon ______________________ Wandmaßband ______________________

Vergleiche deine Ergebnisse mit dem Lösungsheft. Für jede richtige Antwort bekommst du einen Punkt.

☺ 24–19 Punkte	😐 18–12 Punkte	☹ 11–0 Punkte
Gut gemacht!	Gar nicht schlecht, aber lies dir die Merkkästen auf den Seiten 74 bis 81 noch einmal genau durch.	Arbeite die Seiten 74 bis 81 noch einmal genau durch.

Üben macht sicher – Regeln zum Rechtschreiben

Kurze Vokale

Information **Kurze Vokale – Doppelte Konsonanten**

Nach einem betonten kurzen Vokal (Selbstlaut) folgen fast immer **zwei** oder mehr **Konsonanten.**
Beim deutlichen Sprechen kannst du sie meist gut unterscheiden, z. B.: *To**pf**, ru**nd**, le**rn**en.*
Hörst du nur einen Konsonanten, wird er **verdoppelt**, z. B.: *we**nn**, We**tt**e, kla**pp**ern.*

1 a **Lies das Gedicht und sprich deutlich: Markiere alle Wörter mit einem betonten kurzen Vokal.**

Martin Auer

Zufall

Wenn statt mir jemand anderer
Auf die Welt gekommen wär'.
Vielleicht meine Schwester
oder mein Bruder
oder irgendein fremdes blödes Luder –
wie wär' die Welt dann,
ohne mich?
Und wo wäre denn dann ich?
Und würd' mich irgendwer vermissen?
Es tät' ja keiner von mir wissen.
Statt mir wäre hier ein ganz anderes Kind,
würde bei meinen Eltern leben
und hätte mein ganzes Spielzeug im Spind.
Ja, sie hätten ihm sogar
meinen Namen gegeben!

b **Trage die markierten Wörter in die Übersicht ein.**

c **Setze bei jedem Wort in der Übersicht einen Punkt unter den betonten kurzen Vokal. Markiere die Konsonanten, die ihm folgen.**

Wörter mit zwei oder mehr verschiedenen Konsonanten nach dem betonten kurzen Vokal

jemand

Wörter mit verdoppeltem Konsonanten nach dem betonten kurzen Vokal

Zufall

2 **a** Forme um: Wie wird aus dem oberen Nomen im Kasten das Nomen unten?
Suche den kürzesten Weg: Von Wort zu Wort darf nur ein Buchstabe verändert werden.
b Wähle zwei der Nomen aus und notiere dazu andere Wörter aus der Wortfamilie und zusammengesetzte Wörter. Markiere die Konsonanten, die auf den betonten kurzen Vokal folgen.

S	U	P	P	E
M	A	P	P	E

T	A	S	S	E
B	I	S	S	E

K	E	L	L	E
F	A	L	L	E

Süppchen, suppig, Suppentasse, Suppenkasper

3 ●●● **a** Hier werden zusammengesetzte Nomen gesucht, in denen drei Konsonanten auf den betonten, kurzen Vokal folgen.
Trenne die Wörter in der Welle ab.

b Die hier gesuchten Wörter werden aus den oben abgetrennten Wörtern zusammengesetzt.

A das benötigen Taucher	*S*	*a*	*u*	*e*	*r*	*s*	*t*	*o*	*f*	*f*	*f*	*l*	*a*	*s*	*c*	*h*	*e*
B abgerissenes Stück Stoff																	
C anderes Wort für Bettlaken																	
D tanzt auf den Zehenspitzen														*i*	*n*		
E schließt eine Berechnung ab																	
F kleines, gestricktes Wolltuch																	
G „Eine , die ist lustig“																	
H Kraut mit Brennhaaren																	

4 **Findest du alle gesuchten Wörter?**
Im Kabelsalat verstecken sich Nomen und Verben mit einem betonten kurzen Vokal und mit ck oder tz.

In der Regel schreibt man **ck** statt kk (z. B. *Zucker*) und **tz** statt zz (z. B. *Katze*).
Achtung: **ck** wird am Zeilenende **nicht getrennt**, z. B.: *Zu-cker, ba-cken, we-cken.*

ck

- verst___
- Da___
- ersch___
- we___
- kna___
- pfl___
- du___
- So___
- Glo___
- sp___
- erst___

tz

- Plätz___
- Sch___
- Ta___
- Sp___
- he___
- kra___
- we___
- verl___
- Geme___
- Ka___

5 **Fülle die Lücken. Entscheide dabei, ob die Konsonanten verdoppelt werden müssen bzw. ob tz oder ck richtig ist.**

Nächtlicher Streit zwischen Fußba___ und Computer

Ein Fußba___ me___ert aus der Wohnzi___ere___e: „Mir sti___kt die Langeweile. Keiner wi___ mehr Ba___ spielen. Das ist o___ensichtlich zu gefährlich geworden. Man ka___ sich beim Spielen schmu___ig machen, die Beine verle___en und ma___chmal schießt man Fensterscheiben kapu___." „Fa___ bloß nicht auf das Gerede der Kinder rein. Du hast wohl noch nicht begri___en, dass ich ihnen eine ganz andere We___t erö___nen ka___. Da ko___st du nicht mit. Oder ka___st du armes, zerkra___tes Teil etwa to___e Geräusche machen und spa___ende Spiele durch Verne___ung mit anderen Computern bieten?"

6 **Setze das Streitgespräch zwischen Fußball und Computer fort:**
●●● **Lege beiden überzeugende Begründungen in den Mund. Schreibe in dein Heft.**
Markiere in deiner Geschichte die Wörter mit zwei oder mehr Konsonanten nach kurzem betontem Vokal

Lange Vokale

Information **Schreibweisen bei langen Vokalen**

In den meisten Wörtern wird der **betonte lange Vokal** nur **mit einem Buchstaben** geschrieben.
Danach folgt meist nur ein Konsonant, z. B.: *Frage, wegen, losen, Mut.*
Das gilt besonders für einsilbige Wörter, z. B.: *zu, los, wen, so.*

1 **Trenne die Wörter im Besenstiel ab.**
Schreibe sie in dein Heft und achte dabei auf die richtige Groß- und Kleinschreibung.

Wörter mit h

2 **Hier verstecken sich fünf Nomen mit langem Vokal und h:**
waagerecht → und senkrecht ↓.
Markiere sie, schreibe sie heraus und ergänze zu jedem ein verwandtes Wort.

W	E	W	O	H	N	U	N	G	Z	U	T
A	S	Q	H	R	V	L	M	E	O	L	W
H	B	E	Z	A	H	L	U	N	G	J	A
N	U	R	K	G	E	F	Ü	H	L	X	H
E	K	R	U	H	M	R	B	Y	L	I	L

- Bei einer kleineren Gruppe von Wörtern folgt nach dem betonten, langen Vokal ein **h,** z. B.: *Bahn, befehlen, Rohr, Ruhm.*
- Das h steht besonders **häufig vor** den Konsonanten **l, m, n, r.**
- Es bleibt auch in den verwandten Wörtern erhalten, z. B.: *Zahl – zählen, Lehm – lehmig, Lohn – lohnend, Uhr – Uhrzeit.*

Wohnung - wohnen, ______________________

____

3 **Suche Reimwörter mit einem langen a, auf das ein hl, hm, hn oder hr folgt.**

prahlen	lahm	Hahn	verwahren
strahlen			

4 Ergänze die fehlenden Buchstaben. Prüfe genau, wo auf den betonten langen Vokal ein h folgt.

Bastelanleitung für die L___k___m___tive von Lukas und Jim Knopf

Zeichne eine Vorl___ge für die L___k___m___tive auf s___r festes Papier ___der auf Pappe. Schneide sie aus. Schneide n___n aus m___reren bunten Stoffresten Streifen und Muster aus und bekl___be d___mit das F___rzeug von Jim und Lukas. Durch unterschiedliche Stoffe werden F___rerhaus, R___der und Schl___t bet___nt. Ziehe mit der N___del einen F___den vom F___rerhaus zum Schl___t und verkn___te die Enden.

5 Trage die fehlenden Verbformen ein.
Das h nach dem betonten langen Vokal bleibt immer erhalten.

Infinitiv	Präsens		Präteritum	
	1. Person Singular	3. Person Singular	3. Person Singular	3. Person Plural
stehlen				
			sie fuhr	
		er bohrt		
	ich fühle			

6 ●●●
a Löse das Rätsel.
Kreise die verschiedenen Schreibweisen des langen Vokals ein.
b Wie heißt das Lösungswort?
Du findest es in den gelb unterlegten Feldern.

A Kosmetikartikel
B oberste Milchschicht
C Sitzgelegenheit
D Material von Schuhen
E Niederschlag
F Wintergemüse
G Geräusch von Fröschen
H Federvieh
I Tätigkeit im Haushalt

Lösungswort: ____________________

7 **Finde zu diesen Verben passende Reimwörter.**
Zu dem Verb gehen lassen sich die meisten Reimwörter bilden.

gehen	mähen	blühen

Bei manchen Wörtern steht am Anfang der zweiten Silbe ein **h.** Du kannst es hören, z. B.: *Ru-he, ge-hen.* Das **h** bleibt in verwandten Wörtern erhalten. Verlängere Einsilber, dann kannst du es hören, z. B.: *es weht → wehen, Zeh → Zehen, sie sieht → sehen.*

8 **Trage die fehlendenVerbformen ein.**
Das h nach dem betonten langen Vokal bleibt immer erhalten.

Infinitiv	Präsens		Präteritum	
	1. Person Singular	3. Person Singular	3. Person Singular	3. Person Plural
gehen				
			er mähte	
		sie näht		
				sie flehten
	ich drohe			
			es sah	

9 **a** **Suche für jedes Nomen verwandte Wörter und schreibe sie auf.**
b **Markiere die Wortstämme.**

gehen: Vergehen – Gehsteig – Gehrock

bemühen:

Ruhe:

10 **Verlängere: Bilde zu den Nomen den Plural und steigere die Adjektive. Schreibe die Verlängerungen auf.**

der Schuh

das Reh

froh

zäh

nah

Information **Doppelvokal: aa, ee, oo**

Es gibt nur wenige Wörter, in denen der lang gesprochene Vokal durch die Verdoppelung gekennzeichnet ist. **Merke sie dir gut:**

- **aa:** *der Aal, das Haar, paar, das Paar, der Saal, die Saat, der Staat, die Waage.*
- **ee:** *die Beere, das Beet, die Fee, das Heer, der Klee, das Meer, der Schnee, der See, die Seele, der Speer, der Teer.* Dazu kommen die **Fremdwörter mit ee** im Wortausgang, z. B.: *die Allee, die Armee, die Idee, der Kaffee, der Tee, die Tournee, das Püree.*
- **oo:** *das Boot, doof, das Moor, das Moos, der Zoo.*

1 **Markiere 16 Wörter mit Doppelvokal: waagerecht → und senkrecht ↓.**
Schreibe sie in dein Heft ab. Achte dabei auf die richtige Groß- und Kleinschreibung.

H	A	A	R	B	Z	B	U	L	R	S	T	A	A	T	X
A	H	E	M	O	O	S	L	E	I	A	E	A	L	E	U
U	L	L	I	O	T	E	F	E	F	A	E	S	P	E	T
M	O	O	R	T	B	E	E	R	E	L	P	V	P	R	D
C	H	K	F	L	G	H	R	I	E	F	I	J	U	L	R
S	C	H	E	E	L	X	M	S	A	A	T	Y	Z	O	O

2 **Folgende Nomen sind falsch zusammengesetzt.**
Trenne sie ab. Verbinde sie zu richtigen neuen Wörtern und schreibe diese auf.

See | pflug	Mittelwaage	Aasbad	Blumenmeer	Personenbeet
Seelen | räuber	Teeblatt	Schneebeutel	Kleeruhe	Moorgeier

Seeräuber, ______________________________

____

3 **Gesucht sind hier Wörter mit ee im Wortausgang.**
●●● **Das gelb unterlegte Lösungswort bezeichnet ein Wintergemüse.**

A breiige Kartoffelspeise
B islamisches Gebetshaus
C Handtuch mit rauer Oberfläche
D staatliche Streitkräfte
E eingedickter Fruchtsaft
F spontaner Einfall

Lösungswort: ______________________________

Information **Wörter mit langem i: ie, i, ih**

- **Wörter mit ie:** Mehr als drei Viertel aller Wörter mit lang gesprochenem **i** werden mit **ie** geschrieben, z. B.: *der Riese, niedrig, fliegen.* Das ist die häufigste, die „normale" Schreibweise.
- **Wörter mit i:** Manchmal wird das lang gesprochene **i** durch den Einzelbuchstaben **i** wiedergegeben, z. B.: *mir, dir, wir, der Igel, das Klima, das Kino, der Liter.*
- **Wörter mit ih:** Nur in einigen Personalpronomen (► S. 42) wird der lange **i**-Laut als **ih** geschrieben: *ihr, ihm, ihn, ihnen, ihre.*

1 **a** **Lies das Gedicht und markiere alle Wörter mit ie.**
b **Schreibe alle markierten Wörter richtig ab.**

Dieter Mucke

Die einfältige Glucke

Dass Küken wachsen mit den Tagen
Nein, das konnt' sie nicht ertragen.

Solang sie klein und niedlich blieben
Ja, da waren sie die Lieben.

Da saß sie mit dem breiten Hintern
Die meiste Zeit auf ihren Kindern.

Sie hatte es am allerliebsten
Wenn sie nur ganz leise piepsten

Sodass sie jedes niederdrückte
Das sich nicht mehr zum Küken bückte.

Die ließen sich das nicht gefallen
Und sie war sehr enttäuscht von allen.

Worauf sie nur noch Eier mochte
Die Ruhe hielten und keiner kochte:

Sie saß mit ihrem kleinen Grips
Froh und zufrieden auf Eiern aus Gips.

2 ●●● **Einige Verben haben in der Zeitform Präteritum ein ie. Vervollständige die folgende Tabelle.**

Infinitiv	Formen des Präteritums mit ie	Infinitiv	Formen des Präteritums mit ie
raten	ich ____	schlafen	ich ____
____	du riefst	____	er blieb
halten	er ____	weisen	ich ____
____	wir rieben	____	du liefst
scheinen	sie ____	meiden	wir ____

3 **Ergänze die Tabelle.**

Nomen	Verben
Musik	musizieren
___	telefonieren
Protest	___
___	nummerieren
Diktat	___
___	frisieren
Kontrolle	___
___	studieren

Viele von Fremdwörtern abgeleitete **Verben** enden auf **-ieren,** z. B.: *subtrahieren, addieren, korrigieren.*

4 **Wenn du die Buchstaben richtig zusammensetzt, ergeben sich Nomen mit einfachem i. Es handelt sich dabei um häufig verwendete Fremdwörter. Schreibe sie auf.**

MESCH + INA – Gerät, das Arbeitsgänge selbstständig verrichtet = Maschine

RU + EIN – Reste eines zerstörten oder verfallenen Bauwerks = ___

ERP + LINA – Schokoladenkonfekt mit Füllung = ___

OR + SEIN – getrocknete Weinbeere = ___

LIOV + EIN – Geige = ___

5 ●●● **Entscheide, ob die Wörter mit lang gesprochenem i mit ie oder i geschrieben werden. Wenn du unsicher bist, schlage im Wörterbuch nach.**

Kleine Säuget___re als bel___bte Hausgenossen

Wenn du d___r schon lange ein Haust___r wünschst, d___r jedoch noch unsicher bist, welches du auswählen sollst, dann l___st du d___r am besten d___se Tipps durch: Zum Verl___ben sind für Stadtkinder Goldhamster, Mäuse und Kan___nchen, denn man kann mit ihnen pr___ma sp___len. Auch Ratten sollen mitunter ganz poss___rliche T___rchen sein. Du musst dafür Sorge tragen, dass dein T___r regelmäßig etwas zu fressen kr___gt und du für seinen Käfig eine ruh___ge Stelle findest. Kläre immer frühzeitig, dass dein Tier in den Fer___en gut versorgt ist. H___rbei kommt es darauf an, dass n___mand überfordert wird. Keiner sollte am Ende sagen: „N___ w___der!"

Die Schreibung der s-Laute: s, ss oder ß?

Information **Stimmhaftes und stimmloses s**

- **Das stimmhafte s (= weicher, gesummter s-Laut):** Manchmal spricht man das **s** weich und summend wie in *Sonne, Tausend* oder *seltsam*. Dann nennt man das **s** stimmhaft.
- **Das stimmlose s (= harter, gezischter s-Laut):** Manchmal spricht man das **s** hart und zischend wie in *Gras* oder *küssen* oder *schließen*. Dann nennt man das **s** stimmlos.

1 **Lies den Text und unterstreiche alle Wörter mit s-Laut.**

Sommerurlaub

In diesem Jahr verbringt die Familie von Sebastian die Sommerferien an der Nordsee. Mittags in der Ferienwohnung angekommen, findet Familie Hesse einen Riesenschlamassel vor: In seinem Bett entdeckt Sebastian Salatschüsseln, in der Badewanne stößt er auf einen Wasserkessel. Ums Sofa herum riecht es leicht säuerlich, Schwester Susi zieht eine Essigflasche darunter heraus. Gemeinsam sucht Familie Hesse alles ab, doch es findet sich nichts Seltsames mehr. Anschließend geht es an den Sandstrand. Zum Essen sind von der Reise Käsebrote übrig, Sebastian packt noch Süßigkeiten ein, Nussschokolade und etwas Kuchen. Susi nimmt das Buch mit, in dem sie gerade liest. Vater Hesse will Wattwürmer suchen und Muscheln sammeln. Am Strand ist es heiß, die Hesses verkriechen sich flugs unter dem Sonnenschirm.

2 **a** **Lies die unterstrichenen Wörter leise und schreibe hier alle Wörter auf, die einen stimmhaften s-Laut haben.**

Sommerurlaub

b **Trage die Wörter mit einem stimmlosen s-Laut in diese Tabelle ein.**

ß	ss	s
stößt	Hesse	Sebastian

Methode **Verlängerungsprobe**

Das stimmlose **s** wird mit einem einfachen **s** geschrieben, wenn du beim Verlängern des Wortes ein stimmhaftes **s** hörst, z. B.: *er reist → reisen, Glas → Gläser, Weisheit → weise.*
Für einige Wörter mit einfachem s am Wortende gibt es keine Verlängerungsmöglichkeit – es sind Merkwörter: *als, aus, heraus, bis, bisher, bereits, es, was, etwas, niemals, alles, anders, morgens.*

3 **Verlängere und trage die richtige Schreibweise für den gesuchten s-Laut ein.**

diese	– die*s*	___	– Auswei___
___	– nervö___	___	– er sau___t
___	– Prei___	___	– Gra___
___	– Bo___heit	___	– Hinwei___

Information **ß nach langem Vokal oder Diphthong**

Der stimmlose **s**-Laut wird nach einem betonten **langen Vokal oder Diphthong** (Doppellaut: ei, ai, au, äu, eu) mit **ß** geschrieben, wenn er auch bei der Verlängerungsprobe stimmlos bleibt, z. B.:
*Gruß → Grü**ß**e, groß → grö**ß**er, er heißt → hei**ß**en.*

4 **a Unterstreiche in diesen Wörtern den langen Vokal oder den Diphthong.**
b Verlängere und prüfe, ob das s stimmlos bleibt. Trage erst dann die richtige Schreibweise ein.

Späße, spaßig	– Spa*ß*	___	– Fu___
___	– sie grü___t	___	– es flie___t
___	– wei___	___	– Flei___

5 ●●● **Verlängere und trage ein: ß oder s? Verbinde jeden Satz mit einer der Figuren im Bild, die zum dazu passenden Märchen gehört.**

A „Wer hat von meinem Gemü ? chen (___) gegessen?“

B „Ei, Gro ? mutter (___), was hast du für Ohren?“

C „Im Schloss soll eine wunderschöne Königstochter, Dornrö ? chen (___) genannt, schon hundert Jahre schlafen.“

D „Heute back ich, morgen brau ich, übermorgen hol ich der Königin ihr Kind!
Ach, wie gut, dass niemand weiß, dass ich Rumpelstilzchen hei ? .“ (___)

E „Gei ? lein (___), hört die raue Stimme. Das ist der Wolf!“

Information | **Doppel-s nach kurzem Vokal**

Der stimmlose **s**-Laut wird **nach einem betonten kurzen Vokal** mit **ss** geschrieben, z. B.: *messen, die Nüsse*.

6 **Trage die richtige Schreibweise ein und ergänze die passenden Reimwörter.**

A Ella kann es gar nicht fassen,

Großmutter kauft sich neue Ta______.

B „Gib mir bitte einen Ku______,

weil ich doch jetzt gehen ______."

C Der Delphin macht eine ulkige Po ss e

mit seiner linken, großen F______.

D Der Mensch i______, das Tier ______.

E Statt zu lernen liegt, Leni auf dem K______, das darf der Lehrer gar nicht w______.

F Mit der Arbeit ist jetzt Sch______, vor Freude springt Kim in den F______.

7 **ß oder ss?**

●●● **a Sprich jedes Wort in Gedanken rhythmisch und prüfe: Langer oder kurzer Vokal?**
Unterstreiche die langen Vokale und Diphthonge. Setze einen Punkt unter die kurzen Vokale.

er lä ? t | Schwei ? | drei ? ig | Adre ? e | drau ? en | ein bi ? chen

be ? er | Stra ? e | intere ? ant | na ? | au ? erdem

b Schreibe jedes Wort in die richtige Spalte der Tabelle.

ß nach langem Vokal oder Diphthong	ss nach kurzem Vokal

8 **Entscheide, wie der s-Laut richtig geschrieben wird. Ergänze ß oder ss.**

Im Garten plantschen

Matthias und Paul haben ein Schwimmbecken im Garten aufgebaut – sie mü___en nur noch das Wasser einla___en. Beide Jungen schnappen sich Gie___kannen und schütten Wa___er in den Pool. Im Becken gibt es jetzt mehrere kleine Pfützen. So wird es ewig dauern, bis sie hineinspringen können. Paul bei___t sich auf die Lippe und denkt nach. Der Bi___ tut ein bi___chen weh. Schlie___lich schmei___t er die Gie___kannen in die Ecke und rei___t den Gartenschlauch herunter, um ihn aufzudrehen. Das Wa___er spritzt sprudelnd ins Becken. Die Jungen genie___en den Anblick des vollen Beckens. Der Genu___ wird noch größer, als sie gemeinsam hineinspringen. Sie haben nur leider verge___en, vorher den Schlauch abzudrehen. Der entsetzte Schrei des Nachbarn lä___t die beiden aufschrecken. Das Wasser hat sich in seine Blumenbeete ergo___en, die bla___roten Rosen stehen mit den Fü___en in einem gro___en Teich. O Schreck!

9 **s, ss oder ß? Ergänze richtig.**
●●● **Tipp: Schlage im Wörterbuch nach, wenn du unsicher bist.**

Maus auf Reisen

Al___ Stefan neulich morgen___ drau___en auf ___ein Fahrrad stieg, sah er eine Mau___ über die Stra___e flitzen. Bevor sie flug___ die Seite wechselte, blickte sie nach recht___ und link___. E___ war kein Auto zu ___ehen, allerding___ bog ein Bu___ um die Ecke. Die Mau___ sau___te den Rinnstein entlang bi___ zur Bu___haltestelle und wartete dort, bi___ der Bu___ hielt. Ein Nachbar von Stefan stieg au___, die kleine Mau___ flitzte hinein. Stefan grin___te, so etwa___ hätte er sich niemal___ träumen la___en. Er folgte dem Bu___, denn er wollte wi___en, wa___

die sü___e kleine Mau___ noch alle___ vorhatte. Stefan verga___ über dieses kleine Abenteuer vollkommen, dass sein Tag eigentlich völlig ander___ geplant war. Er folgte dem Bus bis zur Endhaltestelle und pa___te bei jedem Halt genau auf. Keine Maus kam herau___. Da sah er sie – und mu___te furchtbar lachen.

Schwierige Laute

Information **V/v: Ein Buchstabe – zwei Laute**

Das **V/v** ist ein außergewöhnlicher Buchstabe:
- Häufig klingt er am Wortanfang wie ein **f**, z. B.: *Vollmond, viel.*
- Manchmal spricht man ihn wie **w**, z. B.: *Ventilator, vegetarisch.*

Im Zweifelsfall musst du deshalb im **Wörterbuch** an drei verschiedenen Stellen nachschlagen: unter **v** und **f** sowie **w**.

1 **a Unterstreiche in diesem Text alle Wörter, in denen ein V/v vorkommt.**

Erste Geige spielen

Es ist Viertel vor vier. Veronika hat Unterricht im Violinenspiel. Ihr Vater hat Visionen. Er hofft, dass die Tochter vielleicht einmal Violinistin wird. Veronika interessiert sich viel mehr für Viecher, sie hätte vor allem gern einen Vogel, nämlich einen Papagei. Im Unterricht versucht sie, das verflixt schwere Stück vorzuspielen. Die Lehrerin lauscht vergnügt. „Beginne lieber von vorn!", ermutigt sie. „Vielleicht gelingt es dir dann besser!"

b Trage die unterstrichenen Wörter in die Tabelle ein.
Sprich sie leise aus und achte genau darauf, wie das V/v klingt.

v/V gesprochen wie f		v/V gesprochen wie w

2 **Bilde je zehn Verben mit ver- und vor- und schreibe sie in dein Heft.**

ver-
vor-

sehen | bleiben | ändern | laufen | fallen | geben
bitten | blühen | lassen | brauchen | legen | bergen
bringen | kommen | ärgern | liegen | stellen

Information **ks: Ein Laut – fünf Schreibweisen** (*ks, cks, gs, chs, x*)

Die Buchstabenfolgen *ks, cks, gs, chs, x* werden alle wie **ks** gesprochen.
- Wörter mit **ks, cks** und **gs** kann man oft von einem verwandten Wort ableiten, z. B.: *Volksstamm → die Völker, Glückstreffer → glücken, rings → ringen.*
- Wörter mit **x** und **chs** musst du dir merken, z. B.: *Nixe, Ochse.*

3 **Einige Wörter mit x sind in die Wortmühle gefallen. Setze sie wieder zusammen und schreibe sie auf.**

enbo
tte ein
af

imen
menea ati
ehe

boxen ____________________

4 **Kennst du diese Wörter mit chs? Schreibe sie auf.**

 ____________________

 ____________________

 w____________________

 L____________________

 ____________________

 O____________________

5 **x oder chs? Ergänze die fehlenden Buchstaben.**
Tipp: Es ist fünfmal x und dreimal chs gefragt.

Wenn du unsicher bist, schlage im Wörterbuch nach!

Fa____en we____eln Sa____e A____t

Fla____ Le____ikon E____plosion ____ylophon

6 **ks, cks oder gs? Wende die Ableitungsprobe (▶ S. 77) oder die Verlängerungsprobe (▶ S. 79) an, um die richtige Schreibweise des ks-Lautes zu klären.**

du flie ? → fliegen = du fliegst

unter|we ? → Wege = ____________

du we ? t → ____________ = ____________

Kle ? → ____________ = ____________

ta ? über → ____________ = ____________

du den ? t → ____________ = ____________

anfan ? → ____________ = ____________

lin ? → ____________ = ____________

zwe ? → ____________ = ____________

du len ? t → ____________ = ____________

Teste dich!

Kurze und lange Vokale, s-Laute und schwierige Laute

1 **a** Lies den Text.
b Erkläre die Schreibweise der markierten Buchstaben (A) bis (D). Schreibe ins Heft. (4 Punkte)

Erich Kästner

Die Konferenz der Tiere

Eines schönen Tages wurde es den Tieren (A) zu dumm. Der Löwe (B) Alois, der sich mit Oskar, dem Elefanten, und dem Giraffenmännchen Leopold wie immer freitags zum Abendschoppen am Tsadsee (C) in Nordafrika traf, sagte, seine Künstlermähne (D) schüttelnd: „O diese Menschen! Wenn ich nicht so blond wäre, könnte ich mich auf der Stelle schwarzärgern!"

2 Markiere im folgenden Text die Wörter mit zwei oder mehr Konsonanten nach kurzem betontem Vokal. (21 Punkte)

Die Giraffe Leopold stand mit gespreizten Beinen am Wasser und trank in kleinen hastigen Schlucken. Dann meinte sie: „Schreckliche Leute! Und sie könnten's so hübsch haben! Sie tauchen wie die Fische, sie laufen wie wir, sie segeln wie die Enten, sie klettern wie die Gämsen und fliegen wie die Adler, und was bringen sie mit ihrer Tüchtigkeit zustande?"

3 Streiche die falschen Schreibweisen durch. (5 Punkte)

„Kriege!", knurrte der Löwe Alois. „Kriege bringen sie zustande. Und Ref/w/volutionen . Und Streichs/ks/gs . Und Hungersnöte. Und neue Krankheiten. Wenn ich nicht so

blond wäre, könnte ich mich auf der Stelle ..." „Schwarzärgern", f/w/vollendete die Giraffe den Satz. Denn den kannten die Tiere der F/W/Vüste länkst/xt/gst auswendig.

4 s, ss oder ß? Trage ein. (9 Punkte)

„Mir tun blo_____ die Kinder leid, die sie haben", meinte der Elefant Oskar und lie_____ die Ohren hängen. „So nette Kinder! Und immer mü_____en sie die Kriege und die Revolutionen und Streiks mitmachen, und dann _____agen die Gro_____en noch: Sie hätten alle_____ nur getan, damit e_____ den Kindern später einmal be_____er ginge. So eine Frechheit, wa_____?"

Vergleiche deine Ergebnisse mit dem Lösungsheft. Für jede richtige Antwort bekommst du einen Punkt.

☺ 39–29 Punkte	😐 28–19 Punkte	☹ 18–0 Punkte
Gut gemacht!	Gar nicht schlecht, aber lies dir die Merkkästen auf den Seiten 83 bis 97 noch einmal genau durch.	Arbeite die Seiten 83 bis 97 noch einmal genau durch.

Groß- und Kleinschreibung

Information **Großschreibung**

Satzanfänge, Namen und **Nomen** werden **großgeschrieben**.
Wörter, die auf *-heit, -keit, -nis, -ung, -tum, -schaft, -in* enden, sind immer **Nomen** und werden deshalb großgeschrieben, z. B.: *Freiheit, Eitelkeit, Zeugnis, Zeichnung, Reichtum, Leidenschaft, Polizistin*.

1 **Bilde aus diesen Wortbestandteilen Nomen und schreibe sie mit den richtigen Artikeln auf.**

Sicher- Brauch- Beschäftig- Bescheiden- Ärger-
Gesund- Bitter- Versteiner- Freund- Wissen-
Finster- Frech- Geheim- Lehrer- Ergeb-
Gleich- Höflich- Erzähl- Beleidig- Dunkel-

-in -schaft
-nis -ung
-tum -heit
-keit

2 **Im Gitterrätsel sind waagerecht → und senkrecht ↓ 15 Wörter versteckt.**
●●● **Markiere sie und schreibe sie mit den Artikeln auf.**

H	Ü	B	E	R	L	E	G	E	N	H	E	I	T	Ä	I	C	E	B	E
E	G	E	S	E	L	L	S	C	H	A	F	T	E	L	B	O	I	I	R
I	E	G	A	V	E	R	W	A	N	D	T	S	C	H	A	F	T	L	L
L	V	E	R	P	F	L	I	C	H	T	U	N	G	A	R	U	E	D	A
I	M	G	E	M	E	I	N	H	E	I	T	O	F	U	K	E	L	N	U
G	P	N	Ö	D	F	N	B	E	M	E	R	K	U	N	G	S	K	I	B
T	J	U	E	I	G	E	N	T	U	M	K	Ö	C	H	I	N	E	S	N
U	R	N	Z	O	W	K	R	A	T	L	O	S	I	G	K	E	I	T	I
M	U	G	E	S	C	H	I	C	K	L	I	C	H	K	E	I	T	V	S

Information **Nomen erkennen**

Nomen kann man meist an ihren Begleitwörtern erkennen: Diese gehen ihnen voraus (▶ S. 38).
Begleitwörter sind:
- **Artikel** (bestimmter/unbestimmter), z. B.: *der Ball, ein Ball,*
- **Pronomen**, z. B.: *unser Ball, dieser Ball,*
- **Präpositionen**, die mit einem Artikel verschmolzen sein können, z. B.: *mit Ball, am (an + dem) Ball, beim (bei + dem) Ball,*
- **Adjektive**, z. B.: *bunte Bälle, zwei Bälle.*

Tipp: Im Satz steht nicht immer ein Begleiter vor einem Nomen. Wenn du in Gedanken einen Artikel ergänzen kannst, handelt es sich um ein Nomen, z. B.: *Manchmal fliegen Bälle weit.* → *die Bälle*

3 **Diese Meldung ist in Kleinschreibung von einer Nachrichtenagentur gekommen, sie soll fehlerfrei in der Tageszeitung erscheinen.**

a **Unterstreiche jedes Nomen mit seinen Begleitwörtern.**
Falls du unsicher bist, prüfe: Kannst du in Gedanken einen Artikel ergänzen?

b **Schreibe die Meldung mit der richtigen Groß- und Kleinschreibung ab.**
Achte auch auf die Großschreibung von Satzanfängen und Namen (▶ S. 99).

VORSICHT FEHLER!

Fußball-WM in Südafrika: Krake Paul orakelt die Niederlage der DFB-Elf gegen Spanien

das tintenfisch-orakel paul aus dem sealife-aquarium im ruhrgebiet hat eine niederlage der deutschen nationalmannschaft im halbfinale gegen spanien vorausgesagt. dem tintenfisch wurden zwei gläser mit muschelfleisch jeweils mit der deutschen und der spanischen flagge im wasser aufgestellt. nur wenige minuten später setzte sich paul auf den spanischen behälter, öffnete den deckel und verspeiste genüsslich das muschelfleisch. die anwesenden erstarrten vor schreck, denn damit entschied sich der oktopus gegen die deutsche fußballmannschaft. das ist eine bittere nachricht für die deutschen jungs, denn das tintenfisch-orakel gilt als sehr treffsicher. alle deutschen begegnungen der WM in südafrika hatte paul richtig vorhergeschmeckt.

Das Tintenfisch-Orakel Paul

4 Folgende Sätze lassen sich vorwärts wie rückwärts lesen.

a Verbinde die Satzanfänge der linken Spalte mit den passenden Satzenden in der rechten Spalte. Tipp: Die hervorgehobenen Buchstaben helfen dir dabei.

b Schreibe die Sätze in der richtigen Groß- und Kleinschreibung auf.

TRUG TIM EINE SO HELLE HOSE	RETTE**N**
IN NAGOLD LEGEN HÄHNE	NIE MIT GURT?
NETTE REHE	MARBURG EI**N**
REGAL MIT SIRUP	GELD, LOG ANN**I**
NIE GRUB RAMSES	PUR IST IM LAGE**R**

5 In diesem Gedicht sind Wortgrenzen und Großbuchstaben falsch.

●●●

a Trenne die richtigen Wortgrenzen ab: |.

b Schreibe das Gedicht mit der richtigen Groß- und Kleinschreibung in dein Heft.

Ein Hai-Schell-Tintenfischkompott

Einschell Fisch kamher Angesch Wommen
undmach Tesich Gan Zunbe Sonnen
Auf Denwe Gin Dieme Eresti Efe
Undtat dan Nso, Also Bersch Liefe,
wi Eimmer, wen Neringe Fahr
unde Inha Ifischin Dernä Hewar.

Derhai fischd Reh Tese Iner und En,
u Map petit auff isch Zube Kunden.
Erb issd Emtin Tenfisch vomle Ib
Z Weiar Me, Nurz Umze Itver Treib.

Dert Intenfisch, Zweiar Mewe Niger,
be gabsich des halbviel zielstre biger,
Alsessei near Twar, Nachober hausen,
Insa Quarium, gan Zohnemeer Esbr ausen.
Undd Ort, Imfer Nenruhrp Ott
is Sterse Itdem Nurmus Chelkom Pott.

Sos Chwim Mtdertin Tenfi Schnunhin undher
imSe E-Aqua Rium, nicht immeer.
un Ddabe Idenk Tda sklu Getier
oh N'weh Mutan Seinal Tesja Gdre Vier.

Derschellf Ischab er, Imti Efenme Er,
Schwimm Tweiter Hinnoch hinu Ndher
undsa gt Sichehr Lichun Dof Fen:
„Zu Mglü CkhatesNi Chtmi Chget Roffen."

Information **Anredepronomen in Briefen und E-Mails**

- Personen, die man siezt, werden mit den Anredepronomen *Sie, Ihnen, Ihre, Ihr* angesprochen, z. B.: *Wie geht es Ihnen?* Diese **höfliche Anrede** wird **großgeschrieben**.
- Bei Personen, die man duzt, werden die Anredepronomen *du, dich, dir, ihr, euch, euer* in der Regel kleingeschrieben. Du kannst sie aber auch großschreiben, es ist nicht falsch.

Achtung: Achte in Briefen oder E-Mails genau darauf, ob es sich um eine höfliche Anrede (= großgeschrieben) oder um ein Personalpronomen (= kleingeschrieben) handelt, z. B.:

Eines müssen Sie wissen: Ich mag Tintenfische, weil sie so schlau sind.
höfliche Anrede Personalpronomen

6 **Höfliche Anrede oder Personalpronomen? Wähle die richtige Form aus und streiche die falsche Form durch.**

Sehr geehrte Damen und Herren bei Sea Life,

mit Freunden diskutierte ich über die Fußballprophezeiungen des Tintenfisches Paul. Ich persönlich halte das für einen Scherz. Meine Freunde meinten, dass Sie/sie als Mitarbeiter eines Sea-Life-Aquariums es doch genau wissen müssten. Meine Freunde sagen, dass Tintenfische sehr intelligent seien, da Sie/sie neun Gehirne hätten. Ich kann das aber nicht glauben, Sie/sie doch sicher auch nicht, oder? Weiterhin behaupten Sie/sie, also meine Freunde, dass Sie/sie, also die Tintenfische, drei Herzen hätten. Nun bitte ich Sie/sie, mir mit Ihrem/ihrem Wissen diese Behauptungen zu bestätigen. Falls Paul wirklich weissagen kann, empfehle ich Ihnen/ihnen, ihm ein Weibchen an die Seite zu geben. Dann gäbe es vielleicht bald kleine Tintenfische und Sie/sie könnten mit Ihren/ihren von den Eltern geerbten Fähigkeiten zum Beispiel die Aktienkurse vorhersagen oder das Wetter oder meine Zeugnisnoten. Das wäre doch ein gutes Geschäft für Sie/sie, oder?

Mit freundlichen Grüßen

Max Schlaumeier

7 **Trage in der folgenden E-Mail die fehlenden Anredepronomen ein.**

Lieber Max,

gern beantworte ich ________ Fragen: Kraken haben nur ein Herz und ihre acht Arme steuern sie mit einem einzigen Gehirn. Und ________ hast recht, Paul kann in Wahrheit nicht hellsehen. Aber stell ________ vor: Kraken sind sehr intelligent, sie können den Weg durch ein Labyrinth finden und sogar Gläser öffnen!

Viele Grüße
Martin Wasserfreund
(Tierpfleger in der Abteilung „Kopffüßler")

Zeichensetzung

Information **Das Komma bei Aufzählungen**

Aufzählungen können aus Wörtern oder aus Wortgruppen bestehen. Sie werden durch ein Komma getrennt, z. B.: *Eisbärweibchen sind liebevolle, fürsorgliche und interessante Wesen.*
Wenn die Aufzählungen durch Konjunktionen wie *und, sowie, oder, entweder ... oder, sowohl ... als auch* bzw. *weder ... noch* verbunden sind, entfällt das Komma, z. B.:
Eisbären sind weder kuschelige noch ungefährliche Tiere.

1 **a Unterstreiche in diesen Sätzen die Aufzählungen.**
Tipp: Nur in einem Satz ist keine Aufzählung zu finden, in einem Satz sogar zwei.
b Setze, wo nötig, die fehlenden Kommas.
c Markiere die Konjunktionen, vor denen kein Komma steht.

Das Leben der Eisbären

VORSICHT FEHLER!

Eisbären leben entweder in der Nähe von Küsten oder in der Reichweite von Inseln in den Eisregionen der Arktis. Eisbären sind sowohl an Land als auch im Meer zu Hause. Die ausgewachsenen Tiere haben breite Schultern große Pfoten und kräftige Vorderbeine. Auffällig ist auch ihr sowohl langer als auch schmaler Kopf. Ihr Fell sieht weiß cremefarben oder gelblich aus. Es ist außerdem ölig kaum glänzend und wasserabweisend. Eisbären sehen jedoch nur aus der Ferne und nur in der Vorstellung vieler Menschen niedlich kuschelig sowie freundlich aus. In Wirklichkeit können sie sehr gefährlich werden – für ihre Artgenossen für andere Tiere und für Menschen. Während der Paarungszeit kämpfen die Eisbärmännchen um die Weibchen. Hierbei legen sie zunächst die Ohren an und senken ihren Kopf, um im nächsten Moment zu knurren zu fauchen und den Gegner aktiv anzugreifen. Der Kampf endet durch Aufgeben oder durch Flucht.

2 ●●● **In diesem Text ist die Kommasetzung ziemlich durcheinandergeraten.**
Verbessere mit einem roten Stift:
a Setze die fehlenden Kommas in den Aufzählungen.
b Streiche die falsch gesetzten Kommas durch.

VORSICHT FEHLER!

Die Weibchen bekommen alle drei Jahre Junge. Die Neugeborenen sind zunächst weder ansehnlich, noch flauschig. Vielmehr ähneln sie nackten Ratten, und sind beinahe federleicht. Erst nach etwa vier Wochen sieht man an Augen Fell, und Zähnen einen deutlichen Entwicklungsfortschritt. Nach ungefähr acht Wochen raufen sie, tollen herum, und bewerfen sich mit Schnee. Manchmal klettern sie auf ihre Mutter zupfen an ihrem Fell, oder rutschen an ihr herunter. Insgesamt gesehen ist das Eisbärleben für die Kleinen besonders gefährlich, denn sie können jederzeit von den Eisbärmännchen angegriffen oder aufgefressen werden.

Information **Zeichensetzung in der wörtlichen Rede**

Wörtliche Rede steht in **Anführungszeichen** (Redezeichen). Die Zeichensetzung ändert sich, je nachdem, ob der Redebegleitsatz vor, nach oder zwischen der wörtlichen Rede steht.

- Der **Redebegleitsatz vor der wörtlichen Rede** wird durch einen Doppelpunkt von der wörtlichen Rede abgetrennt, z. B.:
  Der Zoodirektor sprach in die laufenden Kameras: „Der Eisbär Knut hatte viele Fans."
- Der **Redebegleitsatz nach der wörtlichen Rede** wird durch ein Komma von der wörtlichen Rede abgetrennt, z. B.: *„Eisbären sind meine Lieblingstiere", schwärmt Simone.*
- Der **Redebegleitsatz zwischen der wörtlichen Rede** wird durch Kommas von der wörtlichen Rede abgetrennt, z. B.: *„ Ich hoffe", betont Tanja, „dass die Eisbären überleben."*

3 **Denke dir Sätze für die wörtliche Rede aus und trage sie in die Satzmuster ein.**

Der Zoodirektor berichtet den Journalisten: „________________________________."

„________________________________", schwärmt Simone.

„________________", betont Tanja, „________________."

4 **a Unterstreiche in diesen Sätzen die Redebegleitsätze.**
b Setze, wo nötig, einen Doppelpunkt.
c Setze die fehlenden Anführungszeichen.

VORSICHT FEHLER!

Eisbären vom Aussterben bedroht

Ich finde Eisbären ja sooo süß, schwärmt Tanja. O ja, Eisbärbaby Knut hätte ich am liebsten als Haustier genommen, ergänzt Simone. Sie fragt nach: Warst du damals im Berliner Zoo und hast dort Knut gesehen? Nein, leider nicht, bedauert Tanja, aber ich habe anderen Eisbärkindern beim Spielen zugesehen. Das hat echt Laune gemacht. Markus spitzt die Ohren und gibt zu bedenken Habt ihr schon davon gehört, dass eure Lieblingstiere vom Aussterben bedroht sind? Erzähle mal Genaueres!, fordert Tanja ihren Mitschüler interessiert auf. Markus führt aus Ich habe neulich gelesen, dass die Klimaerwärmung in der Arktis das Leben der Eisbären bedroht. Nach und nach verschwinden die Eismassen, die Jagdreviere der Tiere werden kleiner und die Kinderstuben der Eisbären verschwinden.

5 **a Vervollständige die Redebegleitsätze mit treffenden Verben aus dem Wortfeld sagen.**
b Füge die Satzzeichen der wörtlichen Rede ein.

Was kann man denn an der schwierigen Situation der Eisbären ändern? ________________ Tanja besorgt.

Vielleicht sollte man die Eisbärenjagd verbieten ________________ Markus.

Miriam ________________ Jeder Einzelne kann etwas zur Rettung der Eisbären beitragen, denn der Klimawandel ist eine Angelegenheit, die sich auf die gesamte Erde bezieht.

Ich hoffe ________________ Olaf, dass alle mithelfen werden, die Klimakatastrophe zu verhindern.

Teste dich!

Groß- und Kleinschreibung und Zeichensetzung

1 Wie lauten diese Regeln vollständig? Trage ein. (2 Punkte)

A Satzanfänge, Namen und Nomen werden ____________________ geschrieben.

B Eine Reihe von Nomen erkennt man an den typischen Endungen:

____________, ____________, ____________, ____________,

2 Hier ist alles kleingeschrieben, auch die Satzanfänge. (16 Punkte)
a Unterstreiche alle Nomen und ihre Begleitwörter.
b Schreibe die Sätze verbessert auf die Zeilen darunter.

VORSICHT FEHLER!

in den letzten jahren ist der urlaub auf dem bauernhof für familien mit kindern

Jn ____

____

zum besonderen erlebnis geworden. sie mögen besonders die freiheit und die natur auf dem land.

____

____

aber auch spannende unternehmungen wie übernachtungen im heu oder im stroh sind sehr beliebt.

____

____

3 Setze hier die fehlenden Satzzeichen der wörtlichen Rede und der Aufzählung. (5 Punkte)

VORSICHT FEHLER!

Endlich sollte die lang ersehnte Reise für die nächsten großen Ferien geplant werden. Schon zweimal hatten Sandra und Tim ihre Eltern ermahnt: Wann setzen wir uns endlich zusammen und reden über die Reiseplanung? Bisher sind wir ja immer gern nach Italien Österreich oder in die Schweiz gefahren begann die Mutter das Gespräch. Ach, nicht schon wieder maulte Sandra wir könnten doch mal einen Abenteuerurlaub machen. Ohne mich rief der Vater entsetzt. Ich bevorzuge einen ruhigen Urlaub am Meer.

Vergleiche deine Ergebnisse mit dem Lösungsheft. Für jede richtige Antwort bekommst du einen Punkt.

☺ 23–17 Punkte	😐 16–11 Punkte	☹ 10–0 Punkte
Gut gemacht!	Gar nicht schlecht, aber lies dir die Merkkästen auf den Seiten 99 bis 104 noch einmal genau durch.	Arbeite die Seiten 99 bis 104 noch einmal genau durch.

Ich teste meinen Lernstand

Wie kannst du mit der folgenden Einheit arbeiten?

1 Der folgende Test (S. 106–111) hilft dir zu erkennen, was du im Fach Deutsch schon alles gelernt hast: Was weiß ich? Was kann ich? Wo bin ich noch unsicher? Wo habe ich Lücken?
Du kannst mit dem Test verschiedene Bereiche prüfen:
– das **Verstehen von Texten** (Aufgaben Teil A),
– das **Schreiben von Texten** (Aufgaben Teil B),
– **Rechtschreibung** (Aufgaben Teil C) und
– **Grammatik** (Aufgaben Teil D).
Du kannst den Test am Ende des Schuljahres durchführen, wenn du wissen willst, ob du erfolgreich gelernt hast. Du kannst aber auch in der Mitte des Schuljahres testen, in welchen Bereichen du Schwächen hast und noch einmal besonders üben musst.

2 In dem Test begegnen dir verschiedene **Aufgabenarten**, z. B.: in einer Auswahl an möglichen Antworten die richtige ankreuzen (Multiple Choice), Lückentexte richtig ausfüllen, deine Meinung begründen oder Abbildungen erklären.

3 Lies die Texte und die **Aufgabenstellungen** immer sehr aufmerksam und überlege, bevor du z. B. vorschnell ankreuzt, ob du jeweils **genau verstanden** hast, was verlangt wird. Stelle Aufgaben, die du nicht auf Anhieb lösen kannst, erst zurück und bearbeite sie zum Schluss.

4 Du kannst deine Antworten mit Hilfe des Lösungsheftes selbst prüfen und anhand der erreichten Punktzahl deinen **Lernstand bewerten**. Vielleicht kannst du den Test auch zusammen mit einer Partnerin / einem Partner schreiben. Abschließend könnt ihr eure Fehlerschwerpunkte feststellen und beraten, was noch einmal geübt werden sollte.

Hundeberufe – Rettungshund oder Topmodel?

Fabian verdankt sein Leben der guten Nase eines Hundes. Der elfjährige Junge und sein Vater waren beim Skifahren von einer Lawine erfasst und unter einer meterhohen Schneedecke verschüttet worden. Nur mit Hilfe der Lawinenhündin Leila gelang es den Rettungskräften, Vater und Sohn rechtzeitig aufzuspüren und aus ihrem eisigen Gefängnis zu befreien. Leila, die vierjährige Schäferhündin, ist für ihre Aufgabe besonders geschult worden. Ihre Ausbildung zum Rettungshund dauerte ein Jahr. Sie musste täglich trainieren und mehrere Prüfungen ablegen.

Der Mensch verlässt sich nicht nur bei der Suche nach Verschütteten auf seinen „besten Freund“. Hunde helfen uns dabei, Schafherden zu hüten. Sie unterstützen mit ihrem feinen Geruchssinn die Polizei bei der Jagd nach flüchtigen Verbrechern und der Suche nach Vermissten. Wegen ihrer ausgesprochen guten Instinkte dienen die Vierbeiner uns schon seit Jahrtausenden als Wachhunde. Speziell trainierte Hunde verstehen sogar den Straßenverkehr: Sie führen blinde Menschen sicher über Fußgängerüberwege.

Heute werden Hunde kaum noch für harte Arbeit genutzt. Bei den Eskimos hat der Motor schon längst das Schlittengespann aus Huskys ersetzt. Dafür entstehen neue Hundeberufe. Denn Hunde helfen dem Menschen nicht nur, sie tragen auch zu unserer Unterhaltung bei. Schauspieler-Hunde wie z. B. „Kommissar Rex“ sind echte Serienstars im Fernsehen. Der Detektiv-Schäferhund zeigt uns im Film immerhin noch, was Hunde können, wenn er Gangster aufspürt und stellt. Inzwischen gibt es aber auch Berufe für Hunde, die mit den besonderen Fähigkeiten der Vierbeiner kaum noch etwas zu tun haben.

Bei Tribella, der zweijährigen Windhündin, sieht der Arbeitstag ganz anders aus als bei Leila. Er beginnt mit einem parfümierten[1] Schaumbad der Marke „Doggy-Luxus“. Eine spezielle Hundebetreuerin föhnt ihr anschließend das glänzende Fell in Form und legt ihr ein glitzerndes Halsband an. Nun wird das Hunde-Mannequin[2] in ein enges Edelkleid gezwängt, das auf Maß geschneidert ist. Mehr als 1 000 Euro soll dieses Kleid eines exklusiven Hundemode-Designers[3] kosten. Der Kopfschmuck, ein Hütchen aus Seide mit Schleier, sitzt keck zwischen den Ohren der Hündin. Nachdem die Betreuerin schließlich eine Leine aus weißem Krokodilleder am Halsband befestigt hat, fährt sie mit Tribella zu einer Hunde-Modenschau, auf der die neuesten Trends der Hunde-Modewelt vorgestellt werden. Hier soll die Hündin auf dem Laufsteg[4] Werbung für die Hunde-Modemarke machen. Der Designer verspricht sich von der Schau gute Geschäfte: Die Ausgaben für Hunde-Luxusartikel steigen seit Jahren – eine echte Goldgrube.

Ob Tribella ihren Modelberuf mag, können wir sie leider nicht fragen.

1 parfümiert: duftend, Parfüm enthaltend

2 Mannequin: Model, Frau, die Mode vorführt

3 Designer: jemand, der Gebrauchsartikel (wie z. B. Kleider) gestaltet

4 Laufsteg: hoher, schmaler Steg, auf dem Models neue Kleider vorführen; Catwalk

A Den Text verstehen

Lies den Text über die Hundeberufe und löse die folgenden Multiple-Choice-Aufgaben. Beachte, dass bei Multiple-Choice-Aufgaben immer nur eine Lösung richtig ist.

Aufgabe 1

Kreuze die richtige Antwort an: Bei dem Text handelt es sich um ... **1 Punkt**

A ☐ Werbung für den Hundeberuf Model.

B ☐ eine spannende Erzählung über Fabians Rettung aus dem Schnee.

C ☐ einen Sachtext über einen Arbeitstag von Model-Hunden.

D ☐ einen Sachtext über unterschiedliche Berufe für Hunde.

☐ Punkte

Aufgabe 2

Der Text hat vier Absätze. Nummeriere sie und trage die richtige Nummer hier ein. Welche Überschrift passt zu welchem Absatz? **4 Punkte**

A ☐ Hundeberufe im Wandel

B ☐ Retter auf vier Pfoten

C ☐ Mit der Leine auf den Laufsteg

D ☐ Freunde und Helfer

☐ Punkte

Aufgabe 3

Kreuze die richtige Antwort an. Worum geht es im Text? **1 Punkt**

A ☐ Zwei Hundeberufe werden einander gegenübergestellt.

B ☐ Sieben Hundeberufe werden vorgestellt.

C ☐ Hunde werden mit Menschen verglichen.

D ☐ Hunde werden als Menschen dargestellt.

☐ Punkte

Aufgabe 4

Welche Aufgabe hat welcher Hund? Ordne den Erklärungen die Hundeberufe zu. Trage die Ziffer des Hundeberufs direkt neben der Erklärung ein. **5 Punkte**

A Er vertreibt fremde Menschen. ☐	1 Rettungshund
B Er spürt verschüttete Menschen auf. ☐	2 Hütehund
C Er hilft Sehbehinderten, sich sicher zu bewegen. ☐	3 Polizeihund
D Er hilft, Schafe beieinander zu halten. ☐	4 Wachhund
E Er jagt und stellt Verbrecher. ☐	5 Blindenhund

☐ Punkte

Aufgabe 5

Kreuze die richtige Antwort an. **1 Punkt**

A ☐ Hunde spielen in Fernsehserien häufig Wachhunde.

B ☐ Hunde spielen nicht in Fernsehserien mit.

C ☐ Hunde zeigen in Fernsehserien die Fähigkeiten echter Hunde.

D ☐ Hunde zeigen in Fernsehserien, dass sie gut gehorchen können.

☐ Punkte

Aufgabe 6

Kreuze die richtige Antwort an. **1 Punkt**

A ☐ Modeartikel für Hunde sind günstig.

B ☐ Modeartikel für Hunde kann sich niemand leisten.

C ☐ Der Modedesigner für Hunde verdient 1000 Euro mit einer Modenschau.

D ☐ Ein Hundekleid kann um die 1000 Euro kosten.

☐ Punkte

Um folgende Aufgaben zu lösen, musst du die entsprechenden Textstellen noch einmal genau lesen.

Aufgabe 7

Warum gibt es kaum noch Schlittenhunde? Schreibe einen vollständigen Satz mit eigenen Worten. **1 Punkt**

____

____ ☐ Punkte

Aufgabe 8

Wie nennt man Menschen, die Gebrauchsartikel gestalten? **1 Punkt**

____ ☐ Punkte

Aufgabe 9

Kreuze die richtige Antwort an. Das Wort „keck“ (Z. 47) bedeutet: **1 Punkt**

A ☐ zart, zierlich

B ☐ unpassend, ungeschickt

C ☐ flott, frech

D ☐ lustig, locker

☐ Punkte

B Eine Stellungnahme schreiben

A ☐ „Warum sollen Hunde nicht genauso gut aussehen dürfen wie Menschen? Frauchen und Herrchen können sich auf einer Hundemoden-Schau das Passende für ihren Liebling aussuchen. Das finde ich gut."

B ☐ „Ich finde es sehr herzlos, für Geld und Mode so mit Tieren umzugehen. Die armen Hunde sind diesen Modemachern ausgeliefert. Das ist keine Tierliebe."

Aufgabe 10

a **Lies die beiden Kommentare zum Hundeberuf Model.** **20 Punkte**
Kreuze die Meinung an, die du selbst auch vertreten kannst: A oder B.

b **Begründe deine Meinung zu dem Hundeberuf Model. Beachte folgende Punkte:**
Kreuze zuerst in der Auflistung unten Begründungen an, die dich überzeugen.
Du kannst dir selbst auch eigene Begründungen einfallen lassen.
Verwende Wörter wie *weil, da, denn, deshalb,* um deine Begründungen einzuleiten.

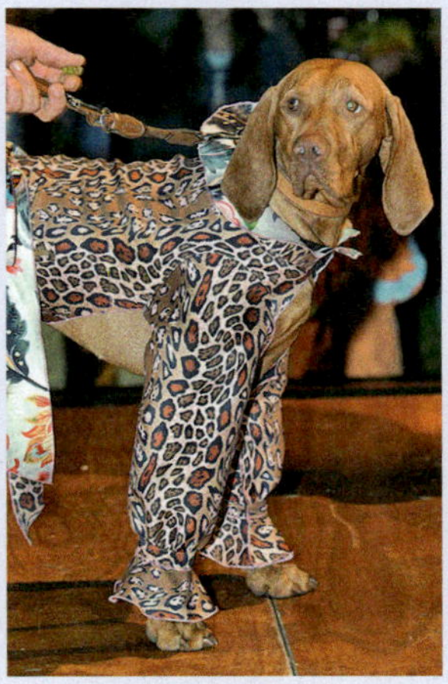

☐ Bei kaltem Wetter wärmt und schützt Kleidung den Hund vor Krankheiten.
☐ Mit schöner Kleidung für den Hund kann der Mensch zeigen, wie gern er ihn hat.
☐ Es macht Hunden Spaß, wenn sie Aufmerksamkeit bekommen.
☐ Es widerspricht der Natur des Hundes, wenn man ihn wie einen Menschen behandelt.
☐ Hunde werden gequält, wenn man sie in Kleidung zwängt und auf den Laufsteg schickt.
☐ Es gibt Sinnvolleres, für das man Geld ausgeben müsste.

Du kannst insgesamt 20 Punkte für die Lösung der Aufgabe bekommen:
2 Punkte für die Formulierung deiner Meinung (Thema), je 2 Punkte für Begründungen aus der Liste, 4 Punkte für eine eigene Begründung und je 2 Punkte für Satzgefüge mit Verknüpfungswörtern (Konjunktionen).

☐ Punkte

C Rechtschreibung

Aufgabe 11

Nach seiner Rettung aus dem Schnee durfte Fabian die Schule für Lawinenhunde besuchen. Für die Schülerzeitung hat er sein Erlebnis aufgeschrieben. Sein erster Entwurf enthält noch einige Fehler. Unterstreiche die falsch geschriebenen Wörter im Text und verbessere sie in der rechten Spalte. **12 Punkte**

Rettungshund Leila

VORSICHT FEHLER!

Der Hundefürer Andreas hat mir erzählt, wie er Leila zum Lawinenhund ausgebildet hat. Zunächst muss man den richtigen Hund aussuchen. Künftige Retungshunde müssen mindestens 20 Monate alt sein. Sie müsen gerne mit Menschen zusamen sein. Ihren Hundefürern müssen sie aufs Wort gehorchen, damit sie im Ernstfall schnel reagieren können. Andreas hat Leila dan mit Hilfe von testpersonen darauf trainiert, menschen im Gelände unter Schneedecken zu erschnüffeln. Zur Belohnung bekam Leila immer einen keks. Außerdem musste Leila lernen, dass sie sich nicht von anderen tieren und Geräuschen bei ihrer aufgabe stören lassen darf.

☐ Punkte

D Grammatik

Aufgabe 12

Fülle in die Lücken des folgenden Textanfangs die passenden Verben. Setze den Text dabei ins Präteritum. **7 Punkte**

verfolgen springen bleiben bellen ziehen schnüffeln verlieren

Polizeihund Benno

Die Polizei setzte eine Hundestaffel bei der Suche nach zwei Räubern ein. Spürhund Benno ______________ die Flüchtigen. An einem Bach ______________ der Hund kurzzeitig die Spur. Dann jedoch ______________ er seinen Hundeführer zu einer kleinen Hütte. In einigem Abstand ______________ Benno stehen und ______________ in der Luft. Dann ______________ er mit einem gewaltigen Satz hinter einen Holzstoß und ______________ laut. Hier hatten sich die Gesuchten versteckt.

☐ Punkte

Aufgabe 13

Setze in der Fortsetzung des Textes die folgenden Nomen, Pronomen oder Wortgruppen mit Nomen im richtigen Kasus in die Lücken. Notiere dahinter um welchen Kasus es sich handelt: **8 Punkte**
N = Nominativ, D = Dativ, A = Akkusativ oder G = Genitiv.

der Hund　sie　Verstärkung　die eingetroffenen Polizisten
der Holzstoß　Handschellen　die Räuber　viele Blaulichter

Der Hundeführer rief ____________________ ☐ herbei. Benno hielt ____________________ ☐ durch sein lautes Bellen in Schach. Bald konnte man das Blitzen ____________________ ☐ sehen. ____________________ ☐ legten den Verbrechern ____________________ ☐ an. Die Beute entdeckten ____________________ ☐ schnell hinter ____________________ ☐. Auch dieser Fund war der guten Nase ____________________ ☐ zu verdanken.

Zur Belohnung gab es leckeren Hundekuchen. ☐ Punkte

Aufgabe 14

Bestimme die unterstrichenen Satzglieder im folgenden Textausschnitt. **16 Punkte**
Trage die Nummern der Satzglieder an der richtigen Stelle in die Tabelle ein.
Achtung: Einige Satzglieder in der Tabelle erhalten mehrere Nummern.

Spürhunde wie Benno sind wegen ihrer guten Nase (1) wichtige Helfer der Polizei. Polizeihunde (2) jagen (3) nicht nur Verbrecher (4). An Flughäfen und Grenzübergängen (5) helfen (6) sie den Beamten (7), Schmuggelware und Drogen (8) aufzuspüren. Voller Neugier (9) erschnüffeln (10) sie jede gesuchte Substanz (11). Dabei finden sie (12) auch in raffinierten Verstecken und Verpackungen (13) verbotene Dinge. Jedes Jahr (14) legen (15) die Polizeihunde eine Prüfung ab (15), um zu zeigen, dass sie den Anforderungen (16) noch gewachsen sind.

Satzglieder	Nummer	Satzglieder	Nummer
Subjekt	______	adverbiale Bestimmung des Ortes	______
Prädikat	______	adverbiale Bestimmung der Zeit	______
Dativobjekt	______	adverbiale Bestimmung der Art und Weise	______
Akkusativobjekt	______	adverbiale Bestimmung des Grundes	______

Autoren- und Quellenverzeichnis

S. 31: Ostwald, Thomas: Eulen und Meerkatzen. Aus: Till Eulenspiegels lustige Streiche. Joh. Heinr. Meyer Verlag, Braunschweig 1998. **S. 34:** Richter, Jutta: Die Katze. Aus: Am Himmel hängt ein Lachen. Mit Bildern der Autorin. Boje Verlag, Köln 2009, **S. 21.** Krüss, James: Küken-Kindergarten. Aus: Remmers, Ursula und Warmbold, Ursula (Hrsg.): Allerlei Getier. Gedichte für Kinder. Reclam, Stuttgart 2003, S. 38 f. Dort abgedruckt nach: Krüss, James: Tierleben. Hamburg: Carlsen 2003. **S. 35:** Lornsen, Boy: Nachts im Gemüsegarten. Aus: Der Tintenfisch Paul Oktopus. Mit Illustrationen von Manfred Schlüter. Boje Verlag, Köln 2009, **S. 63–65. S. 39:** Stock, Oskar: Übers Wetter. Aus: Wie im richtigen Leben, Attenkofer'sche Buch- u. Kunstdruckerei, Straubing 2006. **S. 40:** Guggenmos, Josef: Das Gewitter. Aus: Sieben kleine Bären. dtv, München 1973. **S. 46:** Busch, Wilhelm: Fink und Frosch. Aus: Hochhuth, Rolf (Hrsg.): Wilhelm Busch. Sämtliche Werke und eine Auswahl der Skizzen und Gemälde in zwei Bänden. Und die Moral von der Geschicht. (Band 1) Was beliebt ist auch erlaubt. (Band 2). C. Bertelsmann Verlag, München 1982. **S. 49:** Stock, Oskar: Der Regenschirm. Aus: Aus dem Poeten-Schubladl von Oskar Stock. Gedichte. Zeichnungen Hannes Riebl. 4. Aufl., Riemerling/Ottobrunn: Hornung, 1997. **S. 67:** Ulrich, Winfried: Köpfe Köpfe. Aus: Sprachspiele für jüngere Leser und Verfasser von Texten: Texte und Kommentare. Ein Vorlesebuch, Lesebuch und Sprachbastelbuch für Schule und Elternhaus. Hahner Verlagsges. MbH, Aachen 2004, S. 315. **S. 73:** „Der Kindersitz gibt ...". Aus: Golluch, Norbert: Willi wills wissen. Voll sicher im Straßenverkehr. Baumhaus-Verlag, Frankfurt a. M. 2009, S. 11. **S. 74:** Busch, Wilhelm: Wenn das Rhinozeros ... Aus: Hochhuth (Hrsg.): Ebd., (Band 2), S. 720. **S. 83:** Auer, Martin: Zufall. Aus: Kliewer, Heinz-Jürgen (Hrsg.): Die Wundertüte. Alte und neue Gedichte für Kinder. Reclam Verlag, Stuttgart 2001, S. 246. **S. 87:** „Bastelanleitung für die Lokomotive von Lukas und Jim Knopf". Aus: Barff, Ursula; Burkhardt, Inge; Maier, Jutta: Das große farbige Bastelbuch für Kinder. Falken Verlag, Niedernhausen 1990, S. 122 (sprachlich abgeändert). **S. 90:** Mucke, Dieter: Die einfältige Glucke. Kliewer, Heinz-Jürgen (Hrsg.): Die Wundertüte. Alte und neue Gedichte für Kinder. Reclam Verlag, Stuttgart 2001, S. 214. **S. 98:** Kästner, Erich: Auszüge aus: Die Konferenz der Tiere. Hamburg, Dressler Verlag 2010, S. 9–11. **S. 103:** Das Leben der Eisbären. Aus: Pope Osborne, Mary; Osborne, Will; Pope Boyce, Natalie: Das große Forscherhandbuch. Loewe Verlag GmbH, Bindlach 2009, S. 149 ff.

Bilderquellenverzeichnis

S. 7: © Xaver Klaußner – Fotolia.com. **S. 18:** ullstein Bild – Imagebrocker.net. **S. 20** links, rechts, **S. 22:** © Magalice – Fotolia.com. **S. 20** Mitte © Eric Isselée – Fotolia.com. **S. 21:** Anja Doehring, Lübeck. **S. 25:** © picture-alliance/dpa. **S. 44:** oben: © Angela Köhler – Fotolia.com, unten: © picture-alliance/dpa. **S. 45:** oben: © picture-alliance/Hinrich Bäsemann, unten: © Rüdiger Jahnke – Fotolia.com. **S. 53:** © picture-alliance/dpa. **S. 56:** © Peter Baxter – Fotolia.com. **S. 58:** © picture-alliance/Herve Champollion/akg-images. **S. 59:** oben: © Richard Carey – Fotolia.com, unten: © Duncan Noakes – Fotolia.com. **S. 60:** © wolfganguphaus – Fotolia.com. **S. 61:** © picture-alliance/Bildagentur Huber. **S. 62:** © Eric Isselée – Fotolia.com. **S. 65:** oben: © Philophoto – Fotolia.com unten: picture-alliance/Artcolor. **S. 66:** © Norman Chan – Fotolia.com. **S. 68:** © StefanieB. – Fotolia.com. **S. 70:** © ladywearsblack – Fotolia.com. **S. 73:** © Gina Anders – Fotolia.com. **S. 91:** © fivespots – Fotolia.com. **S. 96:** © picture-alliance/ZB. **S. 100:** © picture-alliance/dpa. **S. 103:** © bierchen – Fotolia.com. **S. 104:** © picture-alliance/dpa. **S. 106:** © picture-alliance/dpa/dpaweb. **S. 107:** © picture-alliance/dpa/dpaweb. **S. 109:** © picture-alliance/dpa/dpaweb. **S. 110:** © picture-alliance/OKAPIA KG, Germany. **S. 111:** © picture-alliance/dpa

Impressum

Redaktion: lüra – Klemt & Mues GbR, Wuppertal

Illustrationen:
Uta Bettzieche, Leipzig (S. 19–23, 34–35, 50–55, 101–102)
Nils Fliegner, Hamburg (S. 4–8, 24, 26, 37–49, 78)
Christiane Grauert, Milwaukee (USA) (S. 10–17, 31–33, 83–91)
Christine Henkel, Dahmen (S. 29, 57, 63, 67–69)
Susann Hesselbarth, Leipzig (S. 72–77, 79, 80–82)
Constanze v. Kitzing, Köln (S. 92–98)

Umschlaggestaltung und Layoutkonzept: werkstatt für gebrauchsgrafik, Berlin; Technische Umsetzung: Uwe Rogal, Berlin

www.cornelsen.de

1. Auflage, 2. Druck 2014

Druck: Himmer AG, Augsburg

Ausgaben ohne CD
978-3-06-061907-8 (Gymnasium Allgemeine Ausgabe)
978-3-06-062472-0 (Gymnasium Hessen)
978-3-06-062487-4 (Gymnasium Niedersachsen)
978-3-06-062029-6 (Gymnasium Nordrhein-Westfalen)
978-3-06-062506-2 (Gymnasium Rheinland-Pfalz)

Ausgaben mit Übungs-CD
978-3-06-061913-9 (Gymnasium Allgemeine Ausgabe)
978-3-06-062477-5 (Gymnasium Hessen)
978-3-06-062493-5 (Gymnasium Niedersachsen)
978-3-06-062035-7 (Gymnasium Nordrhein-Westfalen)
978-3-06-062512-3 (Gymnasium Rheinland-Pfalz)

PEFC
PEFC/04-31-1549

PEFC zertifiziert
Dieses Produkt stammt aus nachhaltig bewirtschafteten Wäldern und kontrollierten Quellen.
www.pefc.de